21世纪应用型本科会计系列规划教材

U0792360

COST ACCOUNTING

成本会计

第五版

揭志锋 邓 艳 主 编
黄 漂 刘仙风 副主编

东北财经大学出版社
Dongbei University of Finance & Economics Press
大连

图书在版编目（CIP）数据

成本会计 / 揭志锋，邓艳主编．—5版．—大连：东北财经大学出版社，2024.6（2025.8重印）
（21世纪应用型本科会计系列规划教材）
ISBN 978-7-5654-5258-1

Ⅰ．成…　Ⅱ．①揭…②邓…　Ⅲ．成本会计-高等学校-教材　Ⅳ．F234.2

中国国家版本馆CIP数据核字（2024）第099036号

东北财经大学出版社出版
（大连市黑石礁尖山街217号　邮政编码　116025）
网　　址：http://www.dufep.cn
读者信箱：dufep@dufe.edu.cn

大连天骄彩色印刷有限公司印刷　　东北财经大学出版社发行

幅面尺寸：185mm×260mm　　字数：203千字　　印张：9.5
2024年6月第5版　　2025年8月第2次印刷

责任编辑：石真珍　孙晓梅　王　斌　　责任校对：刘贤恩
封面设计：原　皓　　版式设计：原　皓

定价：39.00元

教学支持　售后服务　联系电话：（0411）84710309

如有印装质量问题，请联系营销部：（0411）84710711

第五版前言

本次修订是为了满足中国经济步入高质量发展新时代背景下高等院校转型培养应用型财务人才的需要。党的二十大报告指出，高质量发展是全面建设社会主义现代化国家的首要任务。必须完整、准确、全面贯彻新发展理念，坚持社会主义市场经济改革方向，坚持高水平对外开放，加快构建以国内大循环为主体、国内国际双循环相互促进的新发展格局。为了实现这一目标，需要培养一批高素质、强技能、重能力、求创新、重应用的应用型财务人才。

一方面，本教材以《企业会计准则》和《企业产品成本核算制度（试行）》为基础，密切跟踪最新会计准则的变化和最新税收政策的变化，反映成本会计学科的前沿知识与实务的新发展，注重培养学生的社会主义核心价值观。另一方面，本教材遵循“强技能、重能力、求创新、重应用”的原则，在知识上按照“够用、适用、实用、新颖”的要求，系统地介绍成本归集和分配的基本原理、基本技能及基本方法；同时，采用最新实例和相应的练习实现知识点的具体应用，并为后续课程的学习和财务会计软件的实验实训做铺垫。这不仅可以满足应用型本科院校财务管理、会计学等专业对教材的需求，而且注重成本会计知识及分析方法在企事业单位中的应用，因此本教材也可以作为企业财会人员的参考用书。

本教材具有以下特色：

第一，本教材按照习近平总书记在全国高校思想政治工作会议上的重要讲话的要求，坚持立德树人，将专业教育与思想政治教育紧密结合起来。一是在每章“学习目标与要求”栏目后设置“价值塑造目标”栏目，融入与本章知识点相关的思政元素；二是通过“思政案例”栏目引出各章的理论知识分析和实务讲解；三是每章都设计了“思政园地”栏目，深挖课程思政元素，夯实本教材的专业育人功能。

第二，本教材根据最新的会计法律法规及《企业会计准则》对内容进行了更新，在实务方面具有更强的可操作性，注重培养学生的法治意识和诚信观念，引导学生遵守职业道德和法律法规。

第三，注重理论与实践相结合。一方面，本教材从理论上介绍成本会计的基本知识和基本技能，做到知识结构合理、逻辑严密；另一方面，本教材将成本会计的基本知识和基本技能运用到具体实例中，解决实务中的问题，培养学生分析问题、解决问题的能力。与此同时，我们更新了章后的即测即评（包括单项选择题、多项选择题、判断题）和业务题，强化了章后习题的针对性和实用性。此外，各章节注重采用图、表、例题等形象、直观的方式进行阐述。

第四，注重“通”和“专”的结合。本教材既突出成本会计的自身特色，又充分考虑了“成本会计”课程与其他专业课程的衔接及对后续课程的铺垫；与此同时，本教材对基本知识和基本技能的介绍保持了言简意赅、通俗易懂的风格，通过由浅入深、循序渐进的安排，构建知识体系，注重培养学生的综合素质和创新能力，引导学生关注国家发展战略和社会需求。

第五，在本次修订过程中，我们积极响应国家教育数字化战略行动，在相应章节围绕重点、难点增加了微课，章后提供即测即评，帮助学生掌握相关知识。

在本教材的编写和修订过程中，我们参考和引用了大量文献，由于不具备广泛且深入地查询馆藏资料的条件，以及电子数据资源的覆盖范围有限，可能在脚注和“主要参考文献”中没有列全资料来源，或者所列的不是原创作者的作品，请相关作者谅解并与我们联系，我们愿意为引用您的作品提供相应的报酬。在此，编者向所有的相关作者表示衷心的感谢。

在本教材的编写过程中，我们除了参阅大量同类教材与最新科研成果外，还走访了多家相关企业，得到多家校企合作企业及兄弟院校师生的支持与帮助。校企合作企业相关人员从专业和课程实践应用性角度提出了许多宝贵建议，浙江农林大学程博（教授、高级会计师）、安徽审计职业学院李学岚（副教授、高级审计师、会计师）、辽宁对外经贸学院熊学华（副教授）与浙江工贸职业技术学院张顺华（教授、注册会计师）等专家学者也对本教材的编写和修订提出了宝贵意见与建议。

本教材配有电子课件，详情请登录东北财经大学出版社网站（www.dufep.cn）查询。

本次修订由江西应用科技学院揭志锋、南昌工学院邓艳担任主编，江西应用科技学院黄漂和刘仙凤担任副主编。揭志锋负责修订前言、第一章，邓艳负责修订第二、三章，刘仙凤负责修订第四、五章，黄漂负责修订第六、七章，邓影负责修订第八、九章；揭志锋、邓艳进行了大纲确定和统稿。

在本教材的编写和修订过程中，我们投入了大量时间和精力，虽然经过精心撰写、反复推敲，但由于时间和水平有限，书中疏漏、不足之处在所难免，恳请专家学者和各位读者批评指正。

编　者
2024年5月

目录

第一章　导论

【学习目标与要求】

通过本章学习，理解成本概念以及成本与费用的关系，明确产品成本计算的目的，了解产品成本计算要求与程序，初步了解产品成本计算工作岗位的基本要求与流程。

【价值塑造目标】

通过对成本与费用概念的理解，了解任何主体做任何事情都会产生成本，学会正确看待成本，客观公正地提供成本信息，并树立降低成本、创造价值的理念，以便更好地为企业或个人创造价值。

【思政案例】

正确看待成本费用，严防财务造假①

会计师事务所应该是资本市场“看门人”，应该给企业财务账目“挑刺找错”，然而，一些会计师事务所为了抢夺市场、抢夺资源，对企业涉嫌违法违规财务、法律风险“视而不见”，甚至还“美化掩饰”。更有甚者，有的会计师事务所不惜以身试法，触犯资本市场监管“红线”，为部分上市公司财务年报造假“提供便利”，直接从资本的“看门人”沦为“放风者”，由此产生的“劣币驱逐良币”现象已经引起国家相关部门的高度重视和治理。

近年来，市场中造假手段花样百出，比如将属于成本项目的支出进行处理，变为费用，以达到当期税前扣除的目的；或将属于费用项目的支出成本化，以达到控制税前扣除比例及夸大当期利润的目的。有的企业将应记入“管理费用”账户的无形资产摊销记入了“制造费用”账户，月末分配制造费用时，将其记入“生产成本”账户，这样就造成少计期间费用、虚增利润的结果。

面对市场上的财务造假，财政部等政府职能机关纷纷行动起来，从发布加强会计人员诚信建设指导意见，到建立严重失信会计人员“黑名单”制度和联合惩戒制度，再到会计法修订草案，会计人员“做假账”的“便利空间”不断受到打击和压制，

---

①　万静．严防资本“看门人”沦为“放风者”[N]．法治日报，2019-10-29．有改动。

“会计失信”行为无处遁形。

专业分析 通过各种手段虚减成本项目一直是市场上财务造假惯用的手段，但是财务造假损害的是国家财经法律法规和会计制度的严肃性，还扰乱社会经济秩序，特别是让我国尚未成熟的证券市场饱受虚假信息冲击，严重误导证券投资者行为，破坏市场“游戏规则”，加剧市场投机和市场波动，影响社会安定。

思政分析 会计从业人员的造假行为不仅破坏社会经济秩序，也违背诚信原则。诚信作为一项普遍适用的道德原则和规范，是建立行业之间、单位之间良性互动关系的道德杠杆。诚实守信是社会主义职业道德建设的重要规范，也是一个人立足社会的基础。只有做到诚信正直，我们才能拥有发展和成功的机会。

第一节 成本概述

一、成本概念

成本会计是以成本为对象，以提供成本信息为主的一个会计分支。因此，成本便成为成本会计中最重要也最基本的一个概念。

一般来说，成本是为生产产品而发生的费用，包括生产过程中所消耗的生产资料和付给劳动者的报酬，如生产商品耗用的原材料、支付给生产工人的工资等；也有人认为，成本是为了达到特定目的所失去或放弃的资源，这里的资源包括作为生产资料、生活资料的天然资源以及经过加工的物质和人力资源。

在马克思主义政治经济学中，商品价值（W）包括生产中耗费的不变资本价值（C）、可变资本价值（V）与剩余价值（M），C+V就是成本。

在新古典经济学中，成本就是机会成本。

在新制度经济学中，科斯于1937年提出，成本就是交易费用。

现代会计学主要分为财务会计和管理会计两大分支。在财务会计中，成本依据财务报告中报表的需要加以定义，而且必须按照会计制度或会计准则来规范，因此通常被称为“制度成本”或“报表成本”。在管理会计中，成本的定义根据理论分析和实务决策的不同需要发生变化。成本会计中的成本更多偏重财务会计中的成本界定。

在财务会计中，成本是指取得资产或劳务所发生的支出。例如，固定资产成本为取得该项资产所发生的买价、运输费与保险费等相关支出；存货成本为取得存货所发生的一系列支出，包括采购成本、加工成本和其他成本。在成本会计中，成本计算主要是指存货成本的计算，因此，成本实际上是指存货成本。

企业存货是通过自制与外购两种方式取得的。自制的存货成本是指在生产经营过程中生产产品或提供劳务所发生的支出，如原材料采购成本、加工成本和其他成本。

外购的存货成本主要是指发生的买价和有关全部或部分支出，也称为采购成本。

在本教材中，成本主要是指产品的成本。产品是指企业日常生产经营活动中持有以备出售的产成品、商品，以及提供的劳务或服务。产品成本是指企业在生产产品过程中所发生的材料费用、职工薪酬等，以及不能直接计入而是按一定标准分配计入的各种间接费用。产品成本的具体核算主要是指实际发生的成本、费用计算以及相应的账务处理，因此，成本核算一般是对成本计划执行的结果进行事后反映。企业进行成本核算时，既可以计算各项生产和经营管理费用的支出，从而分析和考核产品成本计划的执行情况，促使企业降低成本费用；又可以计算出利润，为成本和利润预测提供分析数据，这将有利于企业创新生产技术和提高经营管理水平。

微课 1-1

成本的内涵

二、成本与费用关系

为了全面理解成本（尤其是产品成本）的含义，我们还必须对成本和费用进行区分。

费用是企业在日常生产中发生的、会导致所有者权益减少的、与向所有者分配利润无关的经济利益的总流出，构成产品成本的基础。产品成本是为生产某种产品而发生的各种耗费的总支出，是对象化的费用。

费用通常包括企业生产各种产品发生的一系列耗费，既包括当前发生的期间费用、多种产品费用，也包括未完工和完工产品费用。这些费用的发生以生产过程中取得的各种原始凭证为核算依据，按照会计期间进行归集。产品成本通常只包括为生产一定种类或数量完工产品而发生的费用，不包括未完工产品产生的费用和其他费用，侧重于按产品进行归集。产品成本一般以产品成本计算单或成本汇总表及产品入库单为计算依据。由此可见，产品成本是费用总额的一部分，不包括期间费用和期末未完工产品费用等。

三、成本分类

根据所包含内容的不同，成本可以从不同角度进行分类。

（一）成本按经济用途分类

生产经营成本包括企业为生产新产品及新生产过程而发生的研究与开发成本、为产品或生产过程进行详细规划与设计而发生的设计成本、为生产产品发生的生产成本、为销售产品发生的营销成本、为将产品传递给客户发生的配送成本、为向客户提供售后服务而发生的客户服务成本，以及企业组织和管理生产经营活动所发生的行政管理成本。

在实务中，生产经营成本分为生产成本、销售费用和管理费用。

1.生产成本

生产成本主要包括直接材料、直接人工、燃料和动力、制造费用等。

（1）直接材料，是构成产品实体的原材料以及有助于产品形成的主要材料和辅助材料。

（2）直接人工，是能够直接计入产品生产成本的直接生产人员工资。

（3）燃料和动力，是直接用于产品生产而外购或自制的燃料和动力费用。

（4）制造费用，是企业为生产产品和提供劳务而发生的各项间接费用，包括企业生产部门（如生产车间）发生的水电费、固定资产折旧、无形资产摊销、管理人员的职工薪酬、劳动保护费、有关的环保费用、季节性和修理期间的停工损失等。

为了使生产成本项目能够反映生产特点，企业根据自身特点和管理要求，可对直接材料、直接人工、燃料和动力、制造费用项目进行适当增减调整。若直接用于产品生产的外购半成品比重大，可以将其单独列为一个“外购半成品”成本项目；若外部加工费用比重大，可以将“外部加工费”单独列为成本项目；若产品成本中包含的燃料和动力费用比重非常小，可以将其列入“制造费用”成本项目中。

2.销售费用

销售费用主要包括与产品销售有关的营销成本、配送成本与客户服务成本等。

3.管理费用

管理费用主要包括研究与开发成本、设计成本和行政管理成本等。

此种分类能反映企业不同职能的费用耗费，因此也称为按职能分类，如图1–1所示。此种分类有利于企业进行成本计划、控制与考核。

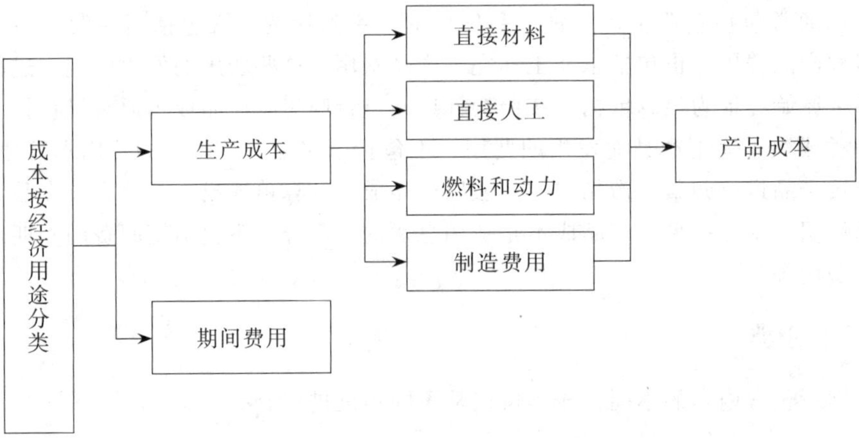

图1–1 成本按经济用途分类

（二）成本按转为费用的方式分类

按照会计信息质量要求中的配比原则，企业通常将正常生产经营成本按其转为费用的方式不同，分为产品成本和期间成本两项。

1.成本转为费用的方式

费用是指应从销售收入中扣除的已耗用支出。企业发生的全部成本转为费用的方式（即与收入配比方式）分为可计入存货的成本、资本化成本和费用化成本。

（1）可计入存货的成本，是指在发生时计入存货成本，在出售时转为费用的成本。例如，生产耗用材料、人工成本和制造费用等计入产品成本，产品未出售前作为资产列入财务报表，产品出售时一次转为费用并从收入中扣除。此类成本按因果关系原则确认费用，即本期销售成本和本期销售收入存在因果关系，因此要在确认产品销售收入的同时将有关产品成本转为费用。

（2）资本化成本，通常是先计为资产，然后逐步分期转为费用。如固定资产购置发生的支出，先计为固定资产成本，在财务报表中列入资产，该资产在以后使用期间内分期计提折旧并陆续转为费用。此类成本主要依据合理、系统分配原则确认为费用，如非流动资产成本和本期收入并不存在必然的因果关系，但前者能使若干会计期间受益，因此合理假设非流动资产成本与收入之间存在受益关系，要按照一定的规则和程序将其分配到各会计期间。

（3）费用化成本，是指在发生当期及时转为费用的成本。例如，企业管理人员工资和广告宣传费在发生时立即确认为当期费用。此类成本包括能够按因果关系原则确认为费用和不能按因果关系原则及合理、系统分配原则确认为费用两种类型。前者如企业管理人员工资，按照其发挥的效用应在本期确认为费用；后者如广告成本，可以为企业带来长期效益，但难以确定其在某一会计期间带来了多大效益，因此不能立即确认为费用。

2.产品成本

产品成本是指可以计入存货价值的成本，包括按特定目的分配给一项产品的成本总和。在会计中，按照配比原则划分产品成本和期间成本，为此要求收入和为取得收入而支出的费用在同一会计期间确认。产品成本在产品出售前与当期收入不能配比，应按照存货报告，作为可储存成本。只有在产品出售时，才能与当期收入配比，因此在出售时将成本转为费用。

3.期间成本

期间成本是指不能经济、合理地归属于特定产品，因此只能在发生当期立即转为费用的不可储存成本。由于期间成本不可储存，在发生时就转为费用，因此也将其称为期间费用。

不论是产品成本还是期间成本，都是企业生产经营的耗费，都必须从销售收入中扣除，只是扣除的时间不同。

期间成本直接从当期收入中扣除，而产品成本要待产品销售时才能扣除。产品成本和期间成本的划分是相对的，所有的正常生产经营成本，如果不列入产品成本就必须划入期间成本。所以，计入产品成本的范围越大，计入期间成本的范围就越小，反之亦然。

（三）成本按其计入成本对象的方式分类

成本按其计入成本对象的方式，分为直接成本和间接成本。这种分类可以经济、合理地把成本归属于不同的成本对象。

1.成本对象

成本对象是指企业追溯或分配资源费用、计算成本的对象物。成本对象可以是工艺、流程、零部件、产品、服务、分销渠道、客户、作业、作业链等需要计量和分配成本的项目；它可以是一件产品、一项设计、一个客户、一个商标、一项作业或者一个部门等。

成本对象还可分为中间成本对象和最终成本对象。其中，最终成本对象是指累计成本不能进一步分配的成本归集点。最终成本对象通常是一件产品或一项服务，是企业的最终产出物。中间成本对象是指累积成本还应进一步分配的归集点，有时也称为成本中心。成本中心是企业中与成本相关联的某个可识别的部门，是将共同成本按某个分配基础进一步分配给各成本对象的一个成本归集点，如生产加工车间、地区销售部等。企业应当设置多少中间成本对象以及它们之间的关系如何，取决于企业的生产组织特点和管理要求。

2.直接成本

直接成本是直接计入各个品种、类别、批次产品成本对象的成本。一项成本是否属于直接成本，取决于它与成本对象是否存在直接关系，并且是否便于直接计入。因此，直接成本也可以说是与成本对象直接相关的成本中可以用经济、合理方式追溯到成本对象的那部分成本，如大部分构成产品实体的原材料成本、产品专用生产线工人工资等。对于只有一种产品的企业来说，所有产品成本都是直接成本。

3.间接成本

间接成本是指与成本对象相关联的成本中不能用一种经济、合理方式追溯到成本对象的那部分成本。车间辅助工人工资、厂房折旧等，大多数情况下属于间接成本。

对于企业来说，一项成本发生后，它是直接成本还是间接成本，需要根据成本对象选择确定。如企业设有一个维修车间、若干个按生产工艺划分的生产车间，生产若干种类产品，这些种类的产品都可以单独成为成本计算的对象。维修车间工人工资直接计入维修车间成本，在具体维修过程中要分配给各生产车间；生产车间成本要分配至各种类最终产品。此时，维修车间工人工资对于维修车间成本来说是直接成本，而对于生产车间成本和最终产品成本来说是间接成本。

第二节　产品成本计算要求和程序

一、产品成本计算目的和要求

企业进行成本计算，不仅要实现一定的目的，而且必须符合相应的计算要求。

（一）产品成本计算目的

对于企业而言，成本计算要达到改善决策，有利于计划、控制和业绩评价，衡量资产和收益以及确定应补偿金额等目的。

1.改善决策

成本计算的一个主要目的是，企业通过成本计算能够向管理者提供相应的成本信息，以便管理者在定价、自制和外购选择及项目评价等方面做出更好的决策。

2.有利于计划、控制和业绩评价

企业在预算编制过程中，可靠的成本信息是预算质量的保证。通过对预算成本和实际成本的比较，可以发现并分析差异，最终实现控制目的。

3.衡量资产和收益

企业在编制财务报告的过程中，财务报表使用的信息是存货成本和已销产品成本，这些信息是否准确是企业能否按照会计制度或会计准则的要求编制出能够满足相关利益者信息需求的财务报告的基础。

4.确定应补偿金额

企业销售产品时，定价依据主要是产品成本。为此，需要对产品成本进行计算，并以此作为基础来衡量产品成本在销售后能否得到补偿。

（二）产品成本计算要求

为正确计算产品成本，先要划清各种成本费用支出界限。

1.正确划分应计入产品成本和不应计入产品成本费用界限

此项划分充分反映了产品成本与期间费用的界限。企业日常生产经营活动中发生的耗费较多，只有一部分耗费能够被计入产品成本。

（1）非生产经营活动产生的耗费不能计入产品成本，只有生产经营活动产生的成本才可以计入产品成本。例如，筹资和投资活动不属于企业的生产经营活动，因此这些活动产生的耗费不能计入产品成本，只能计入筹资和投资成本。

（2）生产经营活动中发生的成本分为正常生产经营成本和非正常生产经营成本。只有正常的生产经营活动成本才能计入产品成本，非正常的生产经营活动成本不能计入产品成本。非正常的生产经营活动成本通常包括灾害损失、盗窃损失等非常损失，滞纳金、违约金、罚款、损害赔偿等支出，交易性金融资产跌价损失、坏账损失、存货跌价损失、长期股权投资减值损失、债权投资减值损失、固定资产减值损失等不能预期原因引起的资产减值损失以及债务重组损失。

（3）正常的生产经营活动成本又分为产品成本和期间成本。正常的生产成本计入产品成本，其他正常的生产经营活动成本列为期间成本。

2.正确划分各会计期间成本费用界限

企业发生的应计入生产经营成本的费用，应当在各期之间进行划分，以便分期计算产品成本。为了正确划分各会计期间的费用期限，企业不应提前结账，不能将本期费用作为下期费用处理；更不能延后结账，将下期费用作为本期费用处理。

3.正确划分不同成本对象费用界限

对于应计入本期产品的成本费用，应在各种产品之间进行分配。企业能分清产品负担的直接成本的，须直接计入该产品成本；若出现多种产品共同承担的间接费用，则应当选择合理方法分配至各种有关产品成本中，并保持这种分配方法的一贯性。

4.正确划分完工产品和在产品成本界限

企业应于每期期末计算产品成本，若某产品已经全部完工，则计入该产品全部成本之后就是其完工产品成本；若某产品全部未完工，则计入该产品的生产成本即该产品期末在产品成本；若某种产品既有完工产品又有在产品，则发生的成本应在完工产品和在产品之间选择合理的方法进行分配，以得出完工产品成本和在产品成本。

二、产品成本计算程序

（一）产品成本计算基本程序

（1）对所发生的成本进行审核，确定哪些成本属于生产经营成本；同时，将生产经营成本区分为正常生产经营成本和非正常生产经营成本，在此基础上将正常生产经营成本分为产品成本和期间成本。

（2）将应计入产品成本的各项成本划分为应计入本期产品成本和由其他期产品负担的成本。

（3）将本期应计入产品成本的生产成本划分为直接成本和间接成本，将直接成本直接计入成本对象，将间接成本计入有关成本中心。

（4）将各成本中心本期成本依据成本分配基础向下一个成本中心分配，直至分配为最终成本对象。

（5）将产品成本在本期完工产品和期末在产品之间进行分配，并计算出完工产品总成本和单位成本。

（6）将完工产品成本结转至产成品科目。

（7）结转期间费用至本期损益科目。

（二）成本归集与分配

企业的成本计算过程实质上可以概括为与产品相关的各项成本归集与分配过程。

1.成本归集

成本归集是对生产过程中所发生的各种费用，按一定的对象，如各种产品、作业、各个车间部门所进行的分类、汇总；是按照一定会计方法有序进行的成本数据的收集。如制造费用是依据车间来归集的，以后分配时不再区分而是统一按照制造费用这个基础分配至各产品中。

2.成本分配

成本分配是将归集的间接成本分配至各成本对象的过程，也称为间接成本分摊或分派。成本分配过程需要使用一些参数（标准）作为成本分配基础，通常情况下，可供选择的参数（标准）有人工工时、机器工时、占用面积、直接人工工资、订货次数、采购成本、直接材料成本与数量等。

为了科学选择成本分配基础，以达到合理、正确分配间接成本的目的，企业在具体操作时，须遵循因果、受益、公平、承受能力等原则。

（三）成本计算涉及的主要会计科目

企业在具体归集和分配成本的过程中，应设置“生产成本”“制造费用”等主要科目来正确反映产品成本。

1.生产成本

“生产成本”科目核算企业进行生产经营活动所发生的各项产品成本，包括生产各种产成品、自制半成品、自制材料、自制工具和设备等所发生的各项成本。

“生产成本”科目应设置“基本生产成本”和“辅助生产成本”两个二级科目。其中，“基本生产成本”二级科目核算企业为实现主要生产目的进行产品生产而发生的成本，计算基本生产的产品成本。“辅助生产成本”二级科目核算企业为基本生产服务而进行的产品生产发生的直接成本，计算辅助生产的产品成本。在这两个二级科目下，还应按成本对象设置明细账，账内按成本项目设专栏进行明细核算。

企业发生直接材料和直接人工成本，直接记入本科目下“基本生产成本”和“辅助生产成本”两个二级科目及其所属明细科目的借方；发生其他间接成本，先归集至“制造费用”科目，期末再分配记入本科目所属二级科目及其所属明细科目的借方。属于企业辅助生产车间为基本生产车间提供的动力等直接成本，先在本科目所属二级科目“辅助生产成本”核算后，再分配转入本科目所属二级科目“基本生产成本”及其所属明细科目的借方。企业已经生产完成并已验收入库的产成品以及自制半成品的实际成本，记入本科目所属二级科目“基本生产成本”及其所属明细科目的贷方；辅助生产车间为基本生产车间、企业管理部门和其他部门提供产品，期末应按照一定的分配标准分配给各受益对象，按实际成本记入本科目所属二级科目“辅助生产成本”及其所属明细科目的贷方。本科目借方期末余额反映尚未完工的各项在产品成本。

2.制造费用

“制造费用”科目核算企业为生产产品发生的各项间接费用。该科目应按不同车间、部门设置明细账，账内按制造费用的内容设专栏进行明细核算。企业发生的各项间接费用，记入本科目及其所属明细科目的借方；期末将制造费用分配至有关成本对象时，记入本科目及其所属明细科目的贷方。本科目期末一般无余额。

思政园地

降低成本费用，提高企业经济效益

在社会主义市场经济条件下，企业为了生存和发展，在保证产品质量的前提下，要挖掘企业内部潜力，采用先进的成本核算方法和技术，加强成本控制；同时，要通过技术革新降低能耗，节约资源，降低企业生产成本，从而使产品价格更具竞争力，提高企业的经济效益，帮助企业更好地履行社会责任。

即测即评

第一章单项选择题

第一章多项选择题

第一章判断题

第二章　生产费用归集与分配

【学习目标与要求】

通过本章学习，理解材料费用、职工薪酬、外购动力与制造费用归集的内容，掌握各项费用分配方法，能够初步从事生产费用归集相关工作。

【价值塑造目标】

通过精确掌握生产费用的归集与分配方法，培养严谨细致的工作态度和精益求精的工作作风，致力于提供准确有效的成本数据，为企业的决策和发展提供有力支持。

【思政案例】

以“严谨求真”助力科学进步①

2020年11月20日，全国科学道德和学风建设宣传教育报告会暨宣传月启动仪式在清华大学举行，全国政协副主席、中国科协主席万钢对现场的大学生说：“科学因纯净而美丽，因严谨而进步。”

报告会上，中国工程院院士、“神舟飞船”首任总设计师戚发轫和敦煌研究院名誉院长樊锦诗分别围绕半个多世纪以来中国航天事业发展和敦煌文化保护研究的历程，与大学生们交流科学道德、学风建设，以及科学家精神。

坚持求真务实的态度是对纯净科学世界的呵护。万钢说，唯真求实是科技工作者的DNA，诚信的声誉是科技工作者重要的个人资产。对科学研究工作中的任何弄虚作假行为都要“零容忍”。

如何做到求真务实？万钢认为，科技工作者要高度重视道德自律，在迈向学术生涯的第一步就做到洁身自好。他勉励大学生们自觉遵守学术规范，做到博学、慎思、审问、明辨、笃行。真正把做人做事和做学问统一起来，做真善美的追求者和传播者，以深厚学识、良好修养赢得社会尊重。

专业分析　正如科技工作一样，细小的差错会导致严重的后果，成本核算的正确

---

① 孙自法. 2020年全国科学道德和学风建设宣传月启动［EB/OL］.（2020-11-24）［2022-06-13］. https：//www.cast.org.cn/art/2020/11/24/art_90_140753.html.有改动。

与否也直接关系着企业生产计划、预测、分析等多项工作的成败。通过进行成本核算，企业可以将生产经营过程中的各项支出和耗费如实反映出来，还能清晰地展现企业的各项成本信息，使管理者能根据成本核算分析对企业进行各种调整。可见，准确的成本核算具有推动企业成本计划落实的作用，可以帮助企业快速实现发展目标。而成本计量不准确将导致报表数据存在偏差，会影响信息使用者的决策，并进一步影响资本市场的高效运行及我国社会主义市场经济的可持续发展。

思政分析　科学家是科技强国的奉献者、崇高思想品格的践行者、良好社会风尚的引领者。在大力弘扬科学家精神的同时，也要在全社会形成尊重知识、崇尚创新、尊重人才、热爱科学、献身科学的浓厚氛围，推动人类文明不断进步。新时代的青年要奋发图强、踵事增华，学习科学家精神，传承科学家精神，让科学家精神焕发新时代光芒。

第一节　材料费用归集与分配

一、材料费用归集与分配的意义与任务

（一）材料费用归集与分配的意义

企业产品成本重要组成部分之一为材料，加强对材料费用的核算，对于降低产品成本、节约使用资金、加速资金周转等有十分重要的作用。

（1）通过建立健全材料保管、领用、核算、分配等一系列制度和措施，控制材料费用，促使企业不断降低产品成本，从而使企业经济效益不断提高。

（2）减少材料费用对流动资金的占用。企业应把材料储备保持在一个合理的水平上，既要防止超储积压，又要防止储备不足。

（3）采用适当方法进行材料费用分配，以保证材料费用分配的准确性。

（二）材料费用归集与分配的任务

企业进行材料费用归集与分配时，要完成以下任务：

（1）反映和监督材料采购计划的执行情况，减少材料采购支出，降低材料采购成本。

（2）反映和监督材料收入、发出以及结存情况，降低材料储备所占用的资金和储存成本，做到既满足生产需要，又防止储备不足。

（3）反映和监督材料费用的归集情况，按材料发生的地点和用途进行材料费用归集。

（4）反映和监督材料费用的分配情况。

材料费用发生后，要按材料用途采用既简便又合理的方法将材料费用在各种产品

之间进行分配。材料费用分配方法一经确定，没有特殊情况，不应经常变动，以便使各期成本资料便于比较。

二、材料费用归集

企业生产产品需要消耗各种原材料及主要材料、辅助材料及燃料。这些材料的用途各不相同，可以用于生产产品、维护生产设备及组织和管理生产，还可以用于非工业生产等。其中，用于生产产品的材料按成本项目进行归集，若是直接构成产品实体的材料及主要材料与有助于产品形成的辅助材料，列入“直接材料”科目；用于生产的燃料列入“燃料和动力”明细科目；用于维护生产设备和管理生产的各种材料列入“制造费用”科目的明细科目。如果存在不计入产品成本而属于期间费用的材料费用，则应列入“管理费用”“销售费用”等科目。用于购置和建造固定资产、其他资产的材料费用，不能列入产品成本，也不能列入期间费用。

材料费用归集主要体现在基础工作、消耗材料计量、发出材料成本的确定等方面。

（一）材料费用归集基础工作

1.收入材料成本的确定

正确地确定收入材料成本，是计算产品成本中材料成本的前提。材料费用的计算随着企业对材料日常采用的计价方法不同而有所差别。一般情况下，如果企业规模较小，材料的品种、规格不多且收发不太频繁，材料可按实际成本计价；若企业规模较大，材料的品种、规格繁多且收发频繁，材料应按计划成本计价。

2.领用材料原始凭证和材料费用归集

企业在生产过程中领用材料品种、数量很多时，为了明确各单位的经济责任、便于分配材料费用以及不断降低材料消耗，在领用材料时，应办理必要的手续。领用材料要由专人负责，要经有关人员签字审核，完成上述手续后，才能领料。

领用材料时使用的原始凭证主要包括领料单、限额领料单和领料登记表等。企业应根据领用材料的具体情况，选择采用某一种领料凭证。期末，应将各种领料凭证按车间、部门进行汇总，计算出各车间、部门消耗材料的数量和金额。通过编制材料费用分配表，企业就可以进行材料费用分配核算。

（二）消耗材料计量

根据发出材料的有关凭证，企业可将材料费用列入有关的成本对象中。对于库存材料，会计上通常采用永续盘存制和实地盘存制两种方法进行核算。

（三）发出材料成本的确定

在材料按计划成本计价的情况下，对于发出的材料，应计算发出材料应负担的材料成本差异，把发出材料的计划成本调整为实际成本；对于期末库存材料，应以实际成本反映在资产负债表上。采用实际成本进行材料日常核算的企业，发出材料实际成本可采用先进先出法、加权平均法、移动平均法、个别计价法等方法计算确定。对于不同的材料，可以采用不同的计价方法。材料计价方法一经确定，一般不应经常变动。

三、材料费用分配

（一）材料费用分配原则

企业在进行材料费用分配时，应首先确定材料费用分配对象。材料费用分配对象应根据材料的具体用途确定。材料用途通常包括生产产品使用材料、生产中一般消耗材料与其他耗用材料等。

（1）对于用于产品生产并构成产品主要实体或有助于产品形成的各种材料，其分配原则是直接材料费用直接记入、间接材料费用分配记入各成本对象的“直接材料”成本项目中。

直接材料费用是指直接为生产某一种产品所耗用的材料，能直接确定其归属对象。间接材料费用是指几种产品共同耗用某种材料，不能直接确定其归属对象，需采用简便、合理的方法在几种产品中进行分配。

分配方法简便，是指作为分配标准的资料比较容易取得，并且应尽量采用单一标准，避免采用复合标准。

分配方法合理，是指所采用的分配方法与分配标准应同各成本对象所负担的费用具有因果关系。

（2）对于生产车间和行政管理部门一般耗用的材料，应分别记入“制造费用”和“管理费用”相关项目中。

在材料费用的分配中，对于直接用于生产各种产品的材料，如果数量较少，金额较小，根据重要性原则，可以采用简化分配方法，即全部记入“制造费用”相关项目中，以便省去一些复杂的计算分配工作。

（3）除了生产过程中使用的材料外，对于发出其他用途材料，应根据其发生的具体用途，分别记入“其他业务成本”“在建工程”等相关项目中。

（二）材料费用分配方法

企业对材料费用进行归集后，需要在各种产品中采用相应的方法进行分配。这些方法是不同的，主要体现在分配过程中采用的分配参数（标准）不同，具体包括定额耗用量比例分配法、产品重量比例分配法、产品产量比例分配法与产品材料定额成本比例分配法等。

1.定额耗用量比例分配法

定额耗用量比例分配法是按各种产品原材料消耗定额比例分配材料费用的一种方法，一般在各种材料消耗定额资料健全且比较准确的情况下采用。计算公式为：

某产品材料定额耗用量=该产品实际产量×单位产品材料定额消耗量

材料定额耗用量分配率=材料实际总耗用量÷各种产品材料定额耗用量之和

某产品应分配实际材料数量=该产品材料定额耗用量×材料定额耗用量分配率

某产品应分配材料费用=该产品应分配实际材料数量×材料单价

【例2-1】某企业生产A、B、C三种产品，共耗用甲材料1 530千克，甲材料每千克3.5元。A产品实际产量为150个，单位产品材料定额消耗量为3千克；B产品实际产量为100个，单位产品材料定额消耗量为1.5千克；C产品实际产量为300个，单位产品材料定额消耗量为4千克。材料费用的分配结果如下：

A产品材料定额耗用量=150×3=450（千克）

B产品材料定额耗用量=100×1.5=150（千克）

C产品材料定额耗用量=300×4=1 200（千克）

材料定额耗用量分配率=1 530÷（450+150+1 200）=0.85

A产品应分配材料实际数量=450×0.85=382.5（千克）

B产品应分配材料实际数量=150×0.85=127.5（千克）

C产品应分配材料实际数量=1 200×0.85=1 020（千克）

A产品应分配材料费用=382.5×3.5=1 338.75（元）

B产品应分配材料费用=127.5×3.5=446.25（元）

C产品应分配材料费用=1 020×3.5=3 570（元）

这里也可以按材料定额耗用量比例直接分配材料费用。为简化材料费用分配工作，对于不需要考核材料实际耗用量的企业，可采用按材料定额耗用量比例直接分配材料费用的方法。具体计算公式为：

材料费用分配率=材料实际总耗用量×材料单价÷各种产品材料定额耗用量之和

某产品应分配材料费用=该产品材料定额耗用量×材料费用分配率

【例2-2】沿用【例2-1】资料，材料费用的分配结果如下：

材料费用分配率=1 530×3.5÷（450+150+1 200）=2.975

A产品应分配材料费用=450×2.975=1 338.75（元）

B产品应分配材料费用=150×2.975=446.25（元）

C产品应分配材料费用=1 200×2.975=3 570（元）

可以看出，上述两种计算方法的结果是相同的。在实务中，企业可根据具体情况选择不同的方法。

2.产品重量比例分配法

产品重量比例分配法是按照各种产品重量比例分配材料费用的一种方法，一般适用于产品所耗用材料多少与产品重量有直接联系的情况。计算公式为：

材料费用分配率=材料实际总耗用量×材料单价÷各种产品重量之和

某产品应分配材料费用=该产品重量×材料费用分配率

【例2-3】某企业生产A、B两种产品，共同耗用甲材料30 400千克，甲材料每千克4.5元。A产品重量为12 000千克，B产品重量为26 000千克。

采用产品重量比例分配法分配材料费用的结果为：

材料费用分配率=30 400×4.5÷（12 000+26 000）=3.6

A产品应分配材料费用=12 000×3.6=43 200（元）

B产品应分配材料费用=26 000×3.6=93 600（元）

3.产品产量比例分配法

产品产量比例分配法是按产品产量比例分配材料费用的一种方法，在产品产量与其所耗用材料有密切联系的情况下，可采用这种方法分配材料费用。计算公式为：

材料费用分配率=材料实际总耗用量×材料单价÷各种产品实际产量之和

某产品应分配材料费用=该产品实际产量×材料费用分配率

【例 2-4】某企业生产A、B两种产品，共耗用甲材料4 032千克，甲材料每千克6元。A产品实际产量为1 800件，B产品实际产量为2 400件。

采用产品产量比例分配法分配材料费用的结果为：

材料费用分配率=4 032×6÷（1 800+2 400）=5.76

A产品应分配材料费用=1 800×5.76=10 368（元）

B产品应分配材料费用=2 400×5.76=13 824（元）

4.产品材料定额成本比例分配法

产品材料定额成本比例分配法是按照产品材料定额成本分配材料费用的一种方法，一般适用于几种产品共同耗用多种材料的情况。计算公式为：

某产品材料定额成本=该产品实际产量×单位产品材料定额成本

材料定额成本分配率=各种产品实际材料费用总额÷各种产品材料定额成本之和

某产品应分配材料费用=该产品材料定额成本×材料定额成本分配率

【例 2-5】某企业生产A、B两种产品，耗用甲、乙两种材料。该企业耗用甲材料591.5千克，甲材料每千克5元；耗用乙材料4 500千克，乙材料每千克3.6元。A产品实际产量为200件，单位产品材料定额成本为20元；B产品实际产量为450件，单位产品材料定额成本为35元。

采用产品材料定额成本比例分配法分配材料费用的结果如下：

A产品材料定额成本=200×20=4 000（元）

B产品材料定额成本=450×35=15 750（元）

材料定额成本分配率=（591.5×5+4 500×3.6）÷（4 000+15 750）=0.97

A产品应分配材料费用=4 000×0.97=3 880（元）

B产品应分配材料费用=15 750×0.97=15 277.5（元）

四、材料费用分配账务处理

在实际工作中，材料费用分配是通过编制材料费用分配表的方式进行的。材料费用分配表可先按生产车间和部门编制，然后合并编制一张材料费用汇总分配表。

微课 2-1

材料费用的归集和分配

【例 2-6】某企业有两个生产车间：一个是基本生产车间；另一个是辅助生产车间。基本生产车间根据各种领料凭证编制材料费用分配表，见表2-1。辅助生产车间和管理部门材料费用分配表略。该企业编制材料费用分配汇总表，见表2-2。

根据发出材料的计划成本，会计分录为：

借：生产成本——基本生产成本 106 000

——辅助生产成本 24 000

制造费用——基本生产车间 7 000

——辅助生产车间 1 000

管理费用 3 500

贷：原材料 141 500

表2-1　　基本生产车间材料费用分配表

2023年9月　　金额单位：元

分配对象	直接计入	分配计入			材料计划成本	材料成本差异额	材料实际成本
		分配标准	分配率	金额			
甲产品	85 600	450	—	1 338.75	86 938.75	869.39	87 808.14
乙产品	10 000	150	—	446.25	10 446.25	104.46	10 550.71
丙产品	5 045	1 200	—	3 570	8 615	86.15	8 701.15
小计	100 645	1 800	2.975	5 355	106 000	1 060	107 060
制造费用	7 000	—	—	—	7 000	70	7 070
合计	107 645	—	—	5 355	113 000	1 130	114 130

表2-2　　材料费用分配汇总表

2023年9月　　单位：元

分配对象	计划成本	差异额	实际成本
生产成本——基本生产成本	106 000	1 060	107 060
生产成本——辅助生产成本	24 000	240	24 240
制造费用——基本生产车间	7 000	70	7 070
制造费用——辅助生产车间	1 000	10	1 010
管理费用	3 500	35	3 535
合计	141 500	1 415	142 915

结转材料成本差异时，会计分录为：

借：生产成本——基本生产成本　　1 060
　　　　　　——辅助生产成本　　240
　　制造费用——基本生产车间　　70
　　　　　　——辅助生产车间　　10
　　管理费用　　35
　贷：材料成本差异　　1 415

如果材料成本差异为节约差，则用红字作上述会计分录。

第二节　职工薪酬归集与分配

一、职工薪酬概述

职工薪酬分为职工工资和按照工资一定比例提取的其他职工薪酬两部分。职工薪酬分配必须划清计入产品成本与期间费用和不计入产品成本与期间费用的职工薪酬的界限。

职工薪酬应当计入产品成本，按照成本项目归集。若为生产车间直接从事生产的人员职工薪酬，记入产品成本的“直接人工”科目；若为企业各生产车间为组织和管理生产所发生的管理人员职工薪酬，记入产品成本的“制造费用”科目；若为企业行政管理人员职工薪酬，应作为期间费用，记入“管理费用”科目。

企业必须充分认识职工薪酬归集与分配的重要性并明确其中的任务。

（一）职工薪酬归集与分配的意义

企业加强对工资费用的核算，可以准确衡量职工的劳动数量和质量，调动职工生产积极性，坚持按劳分配原则。同时，工资又是产品成本和期间费用的重要组成部分，企业加强对工资费用的核算，对于降低产品成本、提高企业经济效益具有十分重要的意义。

（二）职工薪酬归集与分配的任务

1.明确工资费用分类与基础工作

对于职工薪酬中的工资，企业必须明确生产工人工资和其他人员工资。

（1）生产工人工资。在企业中，大部分职工直接从事产品生产。由于这些职工的工资费用同产品生产直接发生关系，因而可以直接计入或分配至产品成本中。企业需要在产品成本中专设“直接人工（工资）”明细科目来归集生产工人工资费用。

（2）其他人员工资。支付给其他人员的工资费用，由于不直接同产品生产相联系，因而不直接记入“直接人工（工资）”明细科目。

另外，对于生产车间为生产产品而发生的各项间接工资费用，如车间管理人员工资，应记入“制造费用”科目中的“工资和福利费”明细科目中；行政管理部门人员工资费用，应记入“管理费用”科目中的“工资和福利费”明细科目中；销售机构人员工资，应记入“销售费用”科目。对于计入管理费用和销售费用中的工资，不计入产品成本中，而是直接计入当期损益。

为了正确地计算和分配工资费用，企业应做好工资费用核算的各项基础工作。与此同时，企业应根据自身特点和管理要求，确定工资核算所需原始凭证的种类、格式、登记方法以及传递程序。企业应做好内部分工，保证各种凭证、记录准确无误。通常来说，企业工资费用核算的各种原始记录主要有考勤记录与产量记录。

考勤记录是登记职工出勤和缺勤情况的记录，是计算职工工资的重要依据。同时，它对于分析和考核职工工作时间利用情况、加强企业劳动纪律、提高企业管理水平等有重要作用。

企业考勤记录一般分车间、班组、科室分别进行，考勤工作应由兼职人员担任。考勤记录应由考勤人员根据职工出勤和缺勤情况逐日进行登记。除了反映出勤和缺勤情况外，考勤记录还应包括出勤时间分析、缺勤时间分析等内容。考勤记录在月末经财务部门审核后，作为计算计时工资的依据。

产量记录是反映工人或班组在出勤时间内生产产品产量和耗用生产工时的记录。

产量记录不仅是计算计件工资的依据，也是统计产量和生产工时的依据，所以，产量记录应提供产量、合格品产量、废品产量、工时等资料。

生产车间工艺过程和生产组织特点以及产品性质不同，产量记录的具体内容与编制程序也不一样。若是单件、小批生产企业，一般采用“工作通知单”作为产量记录。采用“工作通知单”作为产量记录时，计算工资和工时都比较方便，但它不能反映被加工产品的连续加工过程，因此，“工作通知单”不适用于成批生产企业。若是成批生产企业，一般采用“工序进程单”作为产量记录。“工序进程单”一般按每批产品整个工艺过程开设，用以分配生产任务，同时用来记录产品的加工进程。但是，“工序进程单”不能满足企业统计产量和计算工资的要求，因而还需设置“工作班产量记录”。

2.正确计算职工工资

工资费用计算包括计时工资、计件工资、奖金、津贴和补贴、加班加点工资、特殊情况下支付的工资等。

二、职工薪酬分配

（一）工资费用分配依据

企业按规定计算出每个职工的应付工资后，应在规定日期发放给每个职工。为了及时反映企业职工工资的结算情况，财务部门应根据各车间、部门职工工资单，汇总编制工资结算汇总表，作为应付职工工资的依据，见表2-3。

表2-3 **工资结算汇总表**

2023年9月

单位：元

部门		应付标准工资	奖金	津贴和补贴		病假	特殊情况下支付的工资		应付工资	代扣款项			实发工资
				岗位津贴	副食补贴		产假	医药费		房租	其他	小计	
一车间	生产工人	63 200	13 000	2 600	14 000	3 000	2 400	250	98 450	120	3 200	3 320	95 130
	管理人员	1 150	120	—	3 000	—	25	—	4 295	10	64	74	4 221
二车间	生产工人	27 600	5 760	2 400	6 000	1 440	520	125	43 845	400	2 100	2 500	41 345
	管理人员	790	70	—	200	—	14	—	1 074	12	42	54	1 020
供电车间	生产工人	7 450	800	400	2 000	120	45	—	10 815	40	160	200	10 615
	管理人员	3 250	800	400	1 000	80	140	—	5 670	4	85	89	5 581
行政管理部门		10 320	800	—	2 000	—	40	—	13 160	6	48	54	13 106
后勤部门		1 850	200	—	500	—	12	—	2 562	10	6	16	2 546
工程部门		1 150	—	—	375	—	—	—	1 525	6	12	18	1 507
合计		116 760	21 550	5 800	29 075	4 640	3 196	375	181 396	608	5 717	6 325	175 071

（二）工资费用核算会计科目

工资费用核算使用“应付职工薪酬”科目。该科目属于负债类科目，用来核算企业根据有关规定应付给职工的各种薪酬。外商投资企业按规定从净利润中提取的职工奖励及福利基金也在本科目核算。

“应付职工薪酬”科目应当按照“工资”“职工福利”“社会保险费”“住房公积金”“工会经费”“职工教育经费”“非货币性福利”等应付职工薪酬项目进行明细核算。该科目贷方登记应发放给职工的薪酬金额。另外，企业因解除与职工的劳动关系而给予的补偿、外商投资企业按规定从净利润中提取的职工奖励及福利基金，计提时也记入该科目贷方。

“应付职工薪酬”科目借方登记企业按照有关规定向职工支付的工资、奖金、津贴，以及从应付职工薪酬中扣除的各种款项等。另外，企业支付职工福利费、工会经费、职工教育经费用于工会运作和职工培训，按照有关规定缴纳社会保险费和住房公积金，支付因解除与职工的劳动关系而给予职工的补偿，也记入该科目借方。本科目期末贷方余额，反映企业应付未付职工薪酬。

（三）工资费用账务处理

对于工资费用，企业应按其发生地点和用途进行分配。生产车间直接从事产品生产的生产工人工资，应记入“生产成本”科目中的“直接人工（工资）”明细科目；生产车间管理人员工资，应记入“制造费用”科目；行政管理人员工资，应记入“管理费用”科目；固定资产大修理等工程人员工资，应记入“在建工程”科目；专设销售机构人员工资，应记入“销售费用”科目。

【例2-7】某企业工资费用分配情况见表2-4。

表2-4　**工资费用分配表**

2023年9月　　单位：元

应借科目	应贷科目：应付职工薪酬					
	第一车间	第二车间	供电车间	行政管理部门	固定资产修理	合计
生产成本	98 450	43 845	10 815	—	—	153 110
制造费用	19 050	10 820	7 270	—	—	37 140
管理费用	—	—	—	20 720	—	20 720
在建工程	—	—	—	—	47 750	47 750
合计	117 500	54 665	18 085	20 720	47 750	258 720

假设该企业发生的直接工资费用只生产一种产品，可将其全部列入该产品成本。

根据上述工资费用分配表，编制会计分录如下：

借：生产成本 153 110
　　制造费用 37 140
　　管理费用 20 720
　　在建工程 47 750
　贷：应付职工薪酬 258 720

如果该企业同时生产几种产品，则其工资费用应采用一定方法分配计入各种产品成本。直接工资费用分配一般按实际工时或定额工时比例进行。计算公式为：

直接工资费用分配率=直接工资总额÷各种产品实际（或定额）工时之和

某产品应分配直接工资=该产品实际（或定额）工时×直接工资费用分配率

【例2-8】某企业一车间生产工人工资（直接工资）98 450元，是为生产A、B、C三种产品发生的，共耗用生产工时40 000小时。其中，A产品耗用20 000小时，B产品耗用15 000小时，C产品耗用5 000小时。每种产品应分配工资费用可编制成工资费用分配明细表，见表2-5。

表2-5 工资费用分配明细表

2023年9月 金额单位：元

分配对象	分配标准（小时）	分配率	分配金额
A产品	20 000	—	49 225
B产品	15 000	—	36 919
C产品	5 000	—	12 306
合计	40 000	2.46	98 450

编制会计分录如下：

借：生产成本——A产品 49 225
　　　　　——B产品 36 919
　　　　　——C产品 12 306
　贷：应付职工薪酬 98 450

第三节　外购动力与制造费用归集与分配

一、外购动力费用归集

外购动力费用是指企业从外单位购入的电力、蒸汽等动力费用。外购动力应根据使用数量向供应单位支付款项。一般情况下，企业使用外购动力都有仪器仪表进行计量。在支付外购动力费用时，应根据仪器仪表上记录的耗用数量、规定价格向提供动力的单位支付款项，以支付款项的原始凭证编制记账凭证，以此作为外购动力费用分配的依据。

二、外购动力费用分配

企业对外购动力费用进行分配时，可编制“动力费用分配表”，据以进行明细核算和总分类核算。如果是直接用于产品生产的动力费用，列入“燃料和动力”成本项目，记入“生产成本”科目及其明细科目；属于照明、取暖等用途的动力费用，可按照其使用部门，分别记入“制造费用”“管理费用”等科目。若企业设有供电车间等辅助生产车间，发生外购电费时，应记入“生产成本——辅助生产成本”科目，再加上供电车间本身发生的工资等费用，作为辅助生产成本进行分配。

（一）基本生产车间用于产品生产外购动力费用分配

1.分配原则

企业基本生产车间生产产品所用的动力，如电解用电力、烘干用蒸汽、炼钢用氧气以及可以按产品确定消耗定额的动力用电等，应以“燃料和动力”成本项目记入“基本生产成本明细账”以及产品成本计算单中。对于几种产品共同耗用的动力费用，一般按各种产品定额工时或实际工时消耗量的比例进行分配。

2.分配方法

以外购电力为例，各车间、部门耗用的电力都有电表加以计量。各车间、部门应分配的电费应按以下公式计算：

每度电费分配率=支付外购电费总额÷各车间、部门耗用外购电力度数总和

某车间、部门应分配电费=该车间、部门用电度数×每度电费分配率

生产车间用于产品生产的外购电力不能按产品分装电表计量其耗用的数量，因此，一般采用工时比例（实际工时或定额工时）进行分配。计算公式为：

$$\text{某车间产品用电力费用分配率}=\text{生产产品用电度数}\times\text{每度电费分配率}\div\text{该车间产品生产工时之和}$$

某产品应分配电费=该产品生产工时×该车间产品用电力费用分配率

（二）基本生产车间一般耗用外购动力费用分配

基本生产车间照明、取暖等耗用动力，应根据所耗用数量和动力费用分配率，计算出应分配动力费用数额，记入“制造费用明细账”中的成本项目。

（三）辅助生产车间耗用外购动力费用分配

辅助生产车间耗用动力费用，应根据所耗用数量和动力费用分配率，计算出应分配的动力费用数额，记入“辅助生产成本明细账”中的有关项目。

（四）管理部门耗用外购动力费用分配

管理部门耗用外购动力费用，应根据所耗用数量和动力费用分配率，计算出应分配动力费用数额，记入“管理费用明细账”中的有关项目。

【例2-9】某企业2023年9月共支付外购动力费用360 000元，根据各车间、部门电表的计量结果可知，用电度数总和为900 000度。根据各车间、部门用电数量及有关产品工时资料，编制外购动力费用分配表，见表2-6。

表 2-6 外购动力费用分配表

2023年9月 金额单位：元

分配对象		成本项目	耗用数（度）	分配标准（定额工时）	分配率	分配金额
基本生产车间	甲产品	燃料和动力	—	50 000	—	187 500
	乙产品	燃料和动力	—	30 000	—	112 500
	小计	—	750 000	80 000	3.75	300 000
	车间一般耗用	水电费	50 000	—	—	20 000
辅助生产车间耗用		水电费	80 000	—	—	32 000
行政管理部门耗用		水电费	20 000	—	—	8 000
合计		—	900 000	—	0.4	360 000

根据外购动力费用分配表的分配结果，编制会计分录如下：

借：生产成本——基本生产成本 300 000
　　　　　——辅助生产成本 32 000
　　制造费用 20 000
　　管理费用 8 000
　贷：银行存款 360 000

三、制造费用归集与分配

制造费用是企业各生产单位为组织和管理生产而发生的各项间接费用，包括工资和福利费、折旧费、修理费、办公费、水电费、机物料消耗、劳动保护费、租赁费、保险费、存货盘亏费（减盘盈）及其他制造费用。企业发生的各项制造费用按照用途和发生地点，通过“制造费用”科目进行归集和分配。“制造费用”科目依据管理需要，按照生产车间开设明细账，账内按照费用项目开设专栏进行明细核算。制造费用发生时，企业根据支出凭证借记“制造费用”科目及其所属有关明细科目，但材料、工资、折旧等需要在期末根据汇总编制的各种费用分配表计入；材料、产品等存货盘盈、盘亏数，则在盘点报告表中登记。制造费用归集后，在期末，应当全部转入“生产成本”科目，计入产品成本。“制造费用”科目期末一般无余额。

制造费用的发生若只为生产一种产品，则可直接计入产品成本；若为生产多种产品，就需要采用合理、简便的分配方法将制造费用计入各种产品成本。此时，制造费用分配的常用标准有生产工时、定额工时、机器工时、直接人工费用等。计算公式为：

制造费用分配率=制造费用总额÷各种产品生产（或定额、机器）工时之和

某产品应负担制造费用=该产品工时数×制造费用分配率

账务处理为：

借：生产成本

　贷：制造费用

【例2-10】2023年9月，某企业基本生产车间同时生产A、B两种产品，A产品生产工时为200小时、B产品生产工时为300小时，当月共发生制造费用5 000元。

以生产工时为分配标准，将制造费用在A、B两种产品之间进行分配：

制造费用分配率=5 000÷（200+300）=10

A产品应负担制造费用=200×10=2 000（元）

B产品应负担制造费用=300×10=3 000（元）

根据上述计算结果编制制造费用分配表，见表2-7。

表2-7　**制造费用分配表**

2023年9月　金额单位：元

借方科目	生产工时	分配金额（分配率=10）
生产成本——基本生产成本（A产品）	200	2 000
生产成本——基本生产成本（B产品）	300	3 000
合计	500	5 000

相应的会计分录为：

借：生产成本——基本生产成本（A产品）　2 000

　　　　　——基本生产成本（B产品）　3 000

　贷：制造费用　5 000

通过上述各种费用的归集和分配，应计入本期产品成本的各种费用都已经记入“生产成本——基本生产成本”科目的借方，并在各种产品之间进行了分配，从而按照成本项目分别登记在各产品成本计算单（“基本生产成本明细账”）中。

思政园地

集中精力，精确分配

在生产过程中，每一项费用的归集与分配都必须精准。企业财务人员应以严谨专注和精益求精的态度对待每一个细节，确保成本数据的准确性。作为新时代的青年，我们要努力培养自己的专业素养和职业素养，充分理解生产费用归集与分配的重要性，以实现企业社会效益和经济效益的最大化，使企业可持续发展。

即测即评

第二章单项选择题　　第二章多项选择题　　第二章判断题

业务题

1. 某企业2023年9月生产甲、乙两种产品，共同耗用A、B两种原材料，耗用量无法按产品直接划分。具体资料如下：

（1）甲产品投产400件，单位产品原材料消耗定额分别为A材料8千克、B材料3千克。

（2）乙产品投产200件，单位产品原材料消耗定额分别为A材料5千克、B材料4千克。

（3）甲、乙两种产品实际消耗总量为：A材料4 116千克，B材料2 060千克。

（4）材料实际单价为：A材料8元/千克，B材料6元/千克。

要求：用定额耗用量比例分配法对甲、乙两种产品的原材料费用进行分配，填写表2-8。

表2-8　原材料费用分配表

原材料		A材料	B材料	原材料实际成本
甲产品	消耗定额（千克）			—
	定额消耗量（千克）			—
乙产品	消耗定额（千克）			—
	定额消耗量（千克）			—
定额消耗总量（千克）				—
实际消耗总量（千克）				—
消耗量分配率				—
实际消耗量分配	甲产品（千克）			—
	乙产品（千克）			—
原材料实际单位成本（元/千克）				—
原材料费用（元）	甲产品			
	乙产品			
	合计			

2.某企业有两个基本生产车间和一个供电车间、一个机修车间。第一生产车间生产A产品和B产品，第二生产车间生产C产品。材料耗用情况如下：

（1）该企业2023年9月材料成本差异率为4%（包括燃料）。

（2）第一生产车间A、B两种产品共同耗用原材料按定额费用比例进行分配，共同耗用的燃料按A、B两种产品产量比例分配（原材料、燃料耗用情况见表2-9和表2-10）。两种产品产量及定额资料如下：A产品产量1 000件，原材料单件消耗定额为30元；B产品产量1 400件，原材料单件消耗定额为25元。

人工费用资料为：

（1）2023年9月各车间、部门工资汇总表见表2-11。

（2）第一生产车间生产工人工资及福利费按A、B两种产品生产工时进行分配，A产品生产工时为28 000小时，B产品生产工时为30 000小时；第二生产车间只生产一种C产品，所以其生产工人工资及福利费全部计入C产品成本（职工福利费按工资额14%计提）。

表2-9　**原材料耗用情况汇总表**　单位：元

领料车间、部门	用途	计划成本
第一生产车间	生产A产品	39 000
第一生产车间	生产B产品	31 000
第一生产车间	生产A、B产品共同耗用	78 000
第一生产车间	机器设备维修用	2 600
第一生产车间	劳动保护用	800
第一生产车间	一般性消耗	1 600
第二生产车间	生产C产品	46 000
第二生产车间	机器设备维修用	1 300
第二生产车间	劳动保护用	730
第二生产车间	一般性消耗	1 100
供电车间	生产用	12 000
机修车间	生产用	13 500
企业管理部门	固定资产经常维修用	900
合计		228 530

表 2-10 **燃料耗用情况汇总表** 单位：元

领料车间	用途	计划成本
第一生产车间	生产A、B产品共同耗用	9 600
第二生产车间	生产C产品	6 800
合计		16 400

表 2-11 **工资费用汇总表** 单位：元

车间、部门	各类人员	工资
第一生产车间	生产工人	12 400
	管理人员	900
第二生产车间	生产工人	5 800
	管理人员	700
供电车间	车间人员	1 400
机修车间	车间人员	2 600
企业管理部门	管理人员	4 500
合计		28 300

要求：（1）根据上述资料编制燃料费用分配表（见表2-12）和原材料费用分配表（见表2-13）。

表 2-12 **燃料费用分配表**

2023年9月 金额单位：元

<table>
<tr><th rowspan="3">分配对象</th><th rowspan="3">产量（件）</th><th colspan="6">燃料</th></tr>
<tr><th colspan="2">间接分配部分（计划成本）</th><th rowspan="2">直接计入部分（计划成本）</th><th rowspan="2">计划成本合计金额</th><th rowspan="2">材料成本差异（4%）</th><th rowspan="2">实际成本合计</th></tr>
<tr><th>分配率</th><th>应分配费用</th></tr>
<tr><td>A产品</td><td></td><td>—</td><td></td><td>—</td><td></td><td></td><td></td></tr>
<tr><td>B产品</td><td></td><td>—</td><td></td><td>—</td><td></td><td></td><td></td></tr>
<tr><td>小计</td><td></td><td></td><td></td><td>—</td><td></td><td></td><td></td></tr>
<tr><td>C产品</td><td>—</td><td>—</td><td>—</td><td></td><td></td><td></td><td></td></tr>
<tr><td>小计</td><td>—</td><td>—</td><td>—</td><td></td><td></td><td></td><td></td></tr>
<tr><td colspan="2">合计</td><td>—</td><td></td><td></td><td></td><td></td><td></td></tr>
</table>

表 2-13

原材料费用分配表

2023年9月

金额单位：元

应借账户		成本或费用项目	产量（件）	本月消耗			计划价格	直接耗用（计划成本）	原材料计划成本合计	材料成本差异（4%）	原材料实际成本合计
				单位耗用定额	耗用总额	分配率					
基本生产成本	A产品	原材料									
	B产品	原材料									
	小计										
	C产品	原材料	—	—	—	—	—				
制造费用	第一生产车间	消耗材料	—	—	—	—	—				
		修理费	—	—	—	—	—				
		劳动保护费	—	—	—	—	—				
	第二生产车间	消耗材料	—	—	—	—	—				
		修理费	—	—	—	—	—				
		劳动保护费	—	—	—	—	—				
辅助生产成本	供电车间	材料费	—	—	—	—	—	—	—	—	—
			—	—	—	—	—				
	机修车间	材料费	—	—	—	—	—	—	—	—	—
			—	—	—	—	—				
管理费用			—	—	—	—	—				
合计			—	—	—	—					

（2）根据上述资料编制工资及福利费分配表，见表2-14。

表2-14

工资及福利费分配表

2023年9月

金额单位：元

应借账户		实用工时	工资		福利费		合计
			分配率	应分配费用	分配率	应分配费用	
基本生产成本	A产品		—		—		
基本生产成本	B产品		—		—		
基本生产成本	小计				—		
基本生产成本	C产品	—	—		—		
小计		—	—		—		
制造费用	第一生产车间	—	—		—		
制造费用	第二生产车间	—	—		—		
小计		—	—		—		
辅助生产成本	供电车间	—	—		—		
辅助生产成本	机修车间	—	—		—		
小计		—	—		—		
管理费用		—	—		—		
合计		—	—		—		

（3）根据以上各分配表编制会计分录。

第二章业务题参考答案

第三章　辅助生产费用归集与分配

【学习目标与要求】

通过本章学习，理解辅助生产费用的含义、特点，掌握辅助生产费用归集与分配的会计处理，掌握辅助生产费用相关分配方法，能够从事生产费用归集相关工作。

【价值塑造目标】

通过掌握辅助生产费用归集与分配方法，深入理解企业资源的流向和利用效率；树立节约资源的意识，明确每一项费用的价值，发挥资源的最大效用；传承克勤克俭、高度自律的美德，实现个人和企业的可持续发展。

【思政案例】

农贸市场新升级，水电成本大幅降低①

哈达友谊农贸市场地处道里区友谊路沿江商圈核心区域，以经营海鲜水产品等为主。为了避免市场经营对整体商圈环境的影响，2021年4月，该市场启动升级改造工作，随着改造工程完工，不仅各项硬件基础设施提档升级，在节能降耗上更是效果明显。

由于水产品对温度的要求较高，为保障水产品的新鲜度，就要保持经营区域合适的温度，以前大部分商户私自加装空调制冷机，各种管道在棚顶纵横交错，产生了极大的安全隐患；同时，不规范的管道和空调外挂机安装不仅让空调气温调节和制冷效率大打折扣，也带来了电能的大量浪费。

相关研究人员经过初步测算，相比改造前，市场一年水费就能节约5万元，用水总量可降低20%；电费一年可以节约20万元左右，用电总量减少15%。水费加上电费一年能省下约25万元，大幅降低了经营成本，达到真正“提质降本增效”的设计效果，也为商户带来了利润的增长。

---

① 陈悦．哈市农贸市场升级改造，一年节省25万元水电费［EB/OL］.（2021-09-05）［2024-04-23］. https：//m.thepaper.cn/baijiahao_14368878.有改动。

专业分析 水电费一直是我国制造业企业辅助生产费用的重要组成部分，这部分费用通过一定的分配方法，最终都会纳入产成品成本当中。若这部分成本不加以控制，无疑会增加企业的经营成本，缩小产品的盈利空间。另外，高成本可能导致企业提高售价，使产品竞争力降低、市场占有率下降。所以，企业应节约用水和用电，通过降低辅助生产费用来降低售价、提高市场占有率，保证生存和发展，扩大利润空间。

思政分析 降低辅助生产费用不仅有助于企业提升竞争力，更是节约资源的重要手段。水和电等资源是人类生活的必需品，广泛应用于我们的日常生活中。因此，从生活中的点滴做起，节约资源，强化环保和节约意识，形成“崇尚节约、反对浪费”的良好风尚，对我国社会主义市场经济的可持续和高质量发展具有重要作用。

第一节　辅助生产费用归集

一、辅助生产费用概述

（一）辅助生产费用的特点

企业辅助生产主要是为基本生产服务的，具体表现为：

（1）辅助生产车间是为企业基本生产车间、行政管理等部门提供产品或劳务的生产车间，一般很少对外服务。因此，辅助生产车间发生的费用应由各受益车间、部门负担。

（2）辅助生产费用的高低对产品成本有直接影响。同时，只有正确、及时地计算并分配应由产品负担的辅助生产费用后，才能进行产品成本的核算。这就决定了辅助生产车间所发生的费用必须单独归集与核算，再将其分配计入各受益对象。

（二）辅助生产费用涉及科目

辅助生产费用归集与分配通过“生产成本——辅助生产成本”科目反映。该科目应按照车间和产品品种设置明细账，进行明细核算。例如，辅助生产车间发生的直接材料、直接人工，应分别根据材料费用分配表、工资及其他职工薪酬分配表和有关凭证记入该科目及明细科目的借方；辅助生产车间发生的间接费用，应记入“制造费用”科目的借方进行归集，然后再从该科目的贷方直接转入或分配至“生产成本——辅助生产成本”科目及其明细科目的借方。

二、归集辅助生产费用

辅助生产车间为生产产品或提供劳务而发生的各种费用构成这些产品或劳务（以下统称为产品）的成本。为了核算辅助生产车间所发生的费用，计算所生产的产品成本，辅助生产车间在设置“生产成本——辅助生产成本”科目后，据此进行辅助生产成本的归集和分配。另外，“辅助生产成本明细账”的设置应根据各辅助生产车间的具体情况决定。

（一）辅助生产车间只生产一种产品

在只生产一种产品的辅助生产车间，如供水、供电、供气、运输等车间，应按车间分别设置“辅助生产成本明细账”，在账内按规定的成本项目设置专栏，车间所发生的所有费用都登记在“辅助生产成本明细账”中。

（二）辅助生产车间生产多种产品

在生产多种产品的辅助生产车间，如工具、模型等车间，除了要按车间分别设置“辅助生产成本明细账”外，还应按所生产的各种产品分别开设产品成本计算单，登记当月（期）发生的直接材料、直接人工等直接成本项目费用。其他费用可先在“制造费用——辅助生产车间”科目核算，月（期）末再采用适当的分配标准进行分配并计入有关产品成本计算单中。

第二节　辅助生产费用分配

企业辅助生产车间发生的辅助生产费用归集在“生产成本——辅助生产成本”科目及其明细科目的借方。由于所生产的产品不同，所发生的费用分配转出程序也不一样。若辅助生产车间是生产自制材料、工具等产品的，在这些产品完工后，应将其成本从“生产成本——辅助生产成本”科目转入“原材料”等科目中。各车间、部门领用时，再比照财务会计中存货的核算方法，根据具体用途和数量，一次或分次转入有关成本费用科目。

如果辅助生产车间提供电、水、蒸汽等产品，辅助生产车间除了主要向基本生产车间和行政管理等部门提供劳务外，辅助生产车间之间也相互提供劳务。由于它们之间相互制约、互为条件，辅助生产费用的分配比较困难，也更加复杂。

在具体分配过程中，辅助生产费用的分配采用了一些特殊的方法，主要有直接分配法、交互分配法、计划成本分配法、代数分配法和顺序分配法等。

一、直接分配法

直接分配法是指把辅助生产车间所发生的实际费用仅在各基本生产车间和行政管理等部门之间按受益数量进行分配，对于各辅助生产车间之间相互提供的产品或劳务不进行分配的一种辅助生产费用分配方法。具体计算公式为：

$$\text{某辅助生产车间费用分配率(单位成本)}=\text{该辅助生产车间直接发生费用总额}\div\text{该辅助生产车间向基本生产车间、行政管理等受益部门提供产品或劳务总量}$$

$$\text{各车间或行政管理等受益部门应分配的辅助生产费用}=\text{该基本生产车间或行政管理等受益部门产品或劳务耗用量}\times\text{某辅助生产车间费用分配率(单位成本)}$$

式中，“该辅助生产车间向基本生产车间、行政管理等受益部门提供产品或劳务总量”不包括辅助生产车间相互提供的产品或劳务。

【例3-1】某企业设有供电、锅炉两个辅助生产车间，由于每个辅助生产车间只提供一种劳务，因而不设置“制造费用明细账”，而是将辅助生产车间所发生的费用全部登记在“辅助生产成本明细账”中。供电车间“辅助生产成本明细账”见表3-1。

表3-1 **辅助生产成本明细账**

车间：供电车间　　2023年9月　　单位：元

日期	凭证	摘要	工资及福利费	办公费	折旧费	修理费	劳动保护费	其他支出	合计	转出	余额
略	略	分配材料费	—	—	—	—	192	—	192	—	—
		分配工资	1 058	—	—	—	—	—	1 058	—	—
		提取折旧费	—	—	400	—	—	—	400	—	—
		分配其他费用	—	—	—	4 550	—	—	4 550	—	—
		分配环境保护税	—	—	—	—	—	600	600	—	—
		合计	1 058	—	400	4 550	192	600	6 800	—	—
		本月转出	—	—	—	—	—	—	—	6 800	0

锅炉车间本月发生费用5 032元（“辅助生产成本明细账”略）。各辅助生产车间提供的劳务数量及各受益单位耗用量见“辅助生产劳务供应通知单”（见表3-2）。

表3-2 **辅助生产劳务供应通知单**

2023年9月

受益单位	用电度数（度）	用蒸汽吨数（吨）
供电车间	—	51
锅炉车间	2 200	—
第一生产车间：产品耗用	10 500	350
一般耗用	1 200	40
第二生产车间：产品耗用	7 500	150
一般耗用	800	20
管理部门耗用	5 000	69
合计	27 200	680

根据上述资料，采用直接分配法分配辅助生产费用，计算结果见表3-3。

表 3-3 辅助生产费用分配表（直接分配法）

2023年9月 金额单位：元

项目	分配费用	分配数量	分配率	分配金额					
				生产成本		制造费用		管理费用	
				数量	金额	数量	金额	数量	金额
供电车间	6 800	25 000	0.272	18 000	4 896	2 000	544	5 000	1 360
锅炉车间	5 032	629	8	500	4 000	60	480	69	552
合计	11 832	—	—	—	8 896	—	1 024	—	1 912

根据上述计算结果，编制会计分录如下：

借：生产成本——基本生产成本　　8 896

　　制造费用　　1 024

　　管理费用　　1 912

　贷：生产成本——辅助生产成本（供电车间）　　6 800

　　　　　　——辅助生产成本（锅炉车间）　　5 032

采用直接分配法分配辅助生产费用，仅对外分配一次，计算过程较为简单。但是，采用直接分配法有必要的假设，即假设各辅助生产车间之间相互提供的产品或劳务都为基本生产车间和行政管理等部门所耗用。

微课 3-1

辅助生产费用分配（直接分配法）

实际上，各辅助生产车间之间相互提供的产品或劳务不分配费用，计算出来的辅助生产成本就不完整。所以，在各辅助生产车间之间相互提供产品或劳务数量较多时，采用直接分配法计算的分配结果的准确性会受到影响。

直接分配法一般适用于辅助生产车间之间相互提供产品或劳务较少的情况。

二、交互分配法

交互分配法也称一次交互分配法，是指将辅助生产车间费用分两阶段进行分配。第一阶段只限于各辅助生产车间之间根据相互提供的产品或劳务交互分配费用，基本生产车间和行政管理等部门从略，此阶段也称为交互分配或对内分配；第二阶段是将辅助生产车间分配前的费用，加上上一阶段分配转入的费用，减去分配转出的费用，计算出各辅助生产车间的实际费用，再采用直接分配法，分配给受益的基本生产车间和行政管理等部门，此阶段也称为对外分配或直接分配。交互分配法两阶段的计算公式为：

（1）第一阶段交互分配：

$$\text{某辅助生产车间费用分配率}=\text{该辅助生产车间直接发生费用}\div\text{该辅助生产车间提供的劳务总量}$$

$$\text{其他辅助生产车间应分配某辅助生产车间费用}=\text{其他辅助生产车间耗用某辅助生产车间劳务量}\times\text{某辅助生产车间费用分配率}$$

（2）第二阶段对外分配：

$$\text{某辅助生产车间费用分配率}=\frac{\text{该辅助生产车间直接发生费用}+\text{其他辅助生产车间分配转入费用}-\text{某辅助生产车间分配转出费用}}{\text{某辅助生产车间向受益基本生产车间和行政管理等部门提供的劳务总量}}$$

$$\text{某受益基本生产车间、行政管理等部门应分配的辅助生产费用}=\text{某受益基本生产车间、行政管理等部门劳务耗用量}\times\text{某辅助生产车间费用分配率}$$

【例3-2】沿用【例3-1】的资料，采用交互分配法对辅助生产费用进行分配，计算结果见表3-4。

表3-4　　　　辅助生产费用分配表（交互分配法）

2023年9月　　　　金额单位：元

项目		分配费用	分配数量	分配率	分配金额									
					供电车间		锅炉车间		生产成本		制造费用		管理费用	
					数量	金额	数量	金额	数量	金额	数量	金额	数量	金额
对内分配	供电车间	6 800	27 200	0.25	—	—	2 200	550	—	—	—	—	—	—
	锅炉车间	5 032	680	7.4	51	377.4	—	—	—	—	—	—	—	—
	小计	11 832	—	—	—	377.4	—	550	—	—	—	—	—	—
对外分配	供电车间	6 627.4	25 000	0.265	—	—	—	—	18 000	4 770	2 000	530	5 000	1 327.4
	锅炉车间	5 204.6	629	8.274	—	—	—	—	500	4 137	60	496	69	571.6
	小计	11 832	—	—	—	—	—	—	—	8 907	—	1 026	—	1 899
合计		11 832	—	—	—	377.4	—	550	—	8 907	—	1 026	—	1 899

根据上述计算结果，编制对内分配会计分录如下：

借：生产成本——辅助生产成本（供电车间）　377.4
　　　　　　——辅助生产成本（锅炉车间）　550
　贷：生产成本——辅助生产成本（供电车间）　550
　　　　　　　——辅助生产成本（锅炉车间）　377.4

同时，编制对外分配会计分录如下：

借：生产成本——基本生产成本　　8 907
　　制造费用　　1 026
　　管理费用　　1 899
　贷：生产成本——辅助生产成本（供电车间）　　6 627.4
　　　　　　　——辅助生产成本（锅炉车间）　　5 204.6

采用交互分配法分配辅助生产费用，克服了直接分配法在辅助生产车间之间不分配费用的缺点，使辅助生产车间的费用分配更加准确；同时，也促使各辅助生产车间降低相互之间的消耗，加强经济核算。在实行厂部、车间两级成本核算的企业中，采用交互分配法分配辅助生产费用，各辅助生产车间只能在接到财务部门转来其他辅助生产车间转入的费用后才能计算出实际费用，进而进行交互分配和对外分配，这往往会影响成本计算的及时性。

三、计划成本分配法

计划成本分配法是指按事先确定的辅助生产车间提供产品或劳务计划单位成本和各车间、部门耗用的数量，计算各车间、部门应分配辅助生产费用的一种方法。对于按计划成本计算的分配额和各辅助生产车间实际发生费用之间的差额，为简化核算，可列入“管理费用”科目。若是超支差，应增加管理费用；若是节约差，则应冲减管理费用。具体计算公式为：

各车间、部门应分配辅助生产费用 = 该车间、部门产品或劳务耗用量 × 辅助生产车间提供产品或劳务计划单位成本

某项辅助生产费用分配差额 = (该辅助生产车间直接发生的实际费用 + 分配转入额) − 按计划成本分配额

【例 3-3】沿用【例 3-1】的资料，假设电的计划单位成本为 0.255 元，蒸汽的计划单位成本为 8.198 元，采用计划成本分配法分配辅助生产费用，结果见表 3-5。

表 3-5　**辅助生产费用分配表（计划成本分配法）**

2023 年 9 月　　金额单位：元

项目	直接发生费用	分配数量	计划单位成本	按计划成本分配金额										直接发生数与转入数合计	差异
				供电车间		锅炉车间		生产成本		制造费用		管理费用			
				数量	金额	数量	金额	数量	金额	数量	金额	数量	金额		
供电车间	6 800	27 200	0.255	—	—	2 200	561	18 000	4 590	2 000	510	5 000	1 275	7 218	282
锅炉车间	5 032	680	8.198	51	418	—	—	500	4 099	60	492	69	566	5 593	18
合计	11 832	—	—	—	418	—	561	—	8 689	—	1 002	—	1 841	12 811	300

注：供电车间分配转入额=418元

$$\text{供电车间直接发生数与转入数合计}=\text{供电车间直接发生实际费用}+\text{供电车间分配转入额}$$

=6 800+418=7 218（元）

供电车间按计划成本分配额=27 200×0.255=6 936（元）

$$\text{供电车间辅助生产费用分配差额}=(\text{该辅助生产车间直接发生实际费用}+\text{分配转入额})-\text{按计划成本分配数额}$$

=7 218-6 936=282（元）

$$\text{锅炉车间直接发生数与转入数合计}=\text{锅炉车间直接发生实际费用}+\text{锅炉车间分配转入额}$$

=5 032+561=5 593（元）

锅炉车间按计划成本分配额=680×8.198=5 575（元）

$$\text{锅炉车间辅助生产费用分配差额}=(\text{该辅助生产车间直接发生实际费用}+\text{分配转入额})-\text{按计划成本分配数额}$$

=5 593-5 575=18（元）

辅助生产费用分配差额合计=282+18=300（元）

根据上述计算结果，编制会计分录如下：

借：生产成本——辅助生产成本（供电车间）	418	
——辅助生产成本（锅炉车间）	561	
——基本生产成本	8 689	
制造费用	1 002	
管理费用	1 841	
贷：生产成本——辅助生产成本（供电车间）		6 936
——辅助生产成本（锅炉车间）		5 575

对于需要结转的差额，其会计分录为：

借：管理费用	300	
贷：生产成本——辅助生产成本		300

如果为节约差，则应冲减管理费用，用红字作上述会计分录。

采用计划成本分配法分配辅助生产费用，计算过程简单，各种辅助生产费用只计算分配一次，而且不是在辅助生产车间实际费用计算后再分配，加快了会计核算的速度，还能考核各辅助生产车间成本计划的执行情况，有利于企业加强经济核算。但是，假如辅助生产车间生产的产品或劳务计划单位成本制定得不准确，就会影响辅助生产费用分配的准确性。如果将较大差额列入“管理费用”科目，则对当期的损益有较大的影响。因此，计划成本分配法一般适用于辅助生产车间的计划单位成本制定得比较准确的情况。

四、代数分配法

代数分配法是运用代数中建立多元一次方程组的方法，计算出各辅助生产车间提供产品或劳务的单位成本，然后再按各车间、部门（包括其他辅助生产车间）耗用辅助生产车间产品或劳务的数量计算应分配辅助生产费用的一种方法。具体计算步骤为：

（1）将辅助生产车间提供的产品或劳务单位成本设为未知数，并根据各辅助生产车间相互提供产品或劳务的数量，建立多元一次方程组，计算出辅助生产车间产品或劳务单位成本。计算公式为：

$$\begin{matrix}\text{某辅助生产车间}\\\text{提供产品或}\\\text{劳务数量}\end{matrix}\times\begin{matrix}\text{该产品或}\\\text{劳务单位成本}\end{matrix}=\begin{matrix}\text{该辅助生产}\\\text{车间直接}\\\text{发生费用}\end{matrix}+\begin{matrix}\text{该辅助生产车间耗用}\\\text{其他辅助生产车间}\\\text{产品或劳务数量}\end{matrix}\times\begin{matrix}\text{其他辅助生产}\\\text{车间产品或}\\\text{劳务单位成本}\end{matrix}$$

（2）根据各受益单位（包括辅助生产车间）耗用量和单位成本计算分配辅助生产费用。计算公式为：

各车间、部门应分配辅助生产费用=该车间、部门产品或劳务耗用量×产品或劳务单位成本

【例 3-4】沿用【例 3-1】的资料，采用代数分配法分配辅助生产费用，具体计算过程如下：

设X为电的单位成本、Y为蒸汽的单位成本，建立二元一次方程组：

$$\begin{cases}27\,200X = 6\,800 + 51Y\\680Y = 5\,032 + 2\,200X\end{cases}$$

解二元一次方程组得：

$$\begin{cases}X = 0.265485481\\Y = 8.258923618\end{cases}$$

根据上述计算结果，编制辅助生产费用分配表，见表3-6。

表3-6 辅助生产费用分配表（代数分配法）

2023年9月

金额单位：元

供应车间	单位成本	使用车间和部门										合计	
		供电车间		锅炉车间		生产成本		制造费用		管理费用			
		数量	金额	数量	金额	数量	金额	数量	金额	数量	金额	数量	金额
供电车间	0.2654855	—	—	2 200	584	18 000	4 779	2 000	531	5 000	1 327	27 200	7 221
锅炉车间	8.2589236	51	421	—	—	500	4 129	60	496	69	570	680	5 616
合计	—	—	421	—	584	—	8 908	—	1 027	—	1 897	—	12 837

根据上述计算结果，编制会计分录如下：

借：生产成本——辅助生产成本（供电车间） 421

——辅助生产成本（锅炉车间） 584

——基本生产成本 8 908

制造费用 1 027

管理费用 1 897

贷：生产成本——辅助生产成本（供电车间） 7 221

——辅助生产成本（锅炉车间） 5 616

采用代数分配法分配辅助生产费用，最大的优点是分配结果准确，这是其他方法不能达到的。但是，当企业的辅助生产车间比较多时，需要设置的未知数就比较多，所建立的多元一次方程组中的方程也就比较多，计算起来比较烦琐。所以，代数分配法一般适用于辅助生产车间较少或会计工作实现电算化的企业。

五、顺序分配法

顺序分配法是根据各辅助生产车间相互提供产品或劳务费用的多少，将其按一定顺序排列，耗用其他辅助生产车间费用少的辅助生产车间排列在前，先将费用分配出去；耗用其他辅助生产车间费用多的辅助生产车间排列在后，按照顺序，依次将费用分配出去的一种方法。例如，某企业有供电、锅炉两个辅助生产车间，若供电车间耗用锅炉车间的费用少，而锅炉车间耗用供电车间的费用多，则辅助生产费用的分配顺序是：先分配供电车间的费用，然后再分配锅炉车间的费用。具体计算公式为：

$$\text{某辅助生产车间费用分配率}=\left(\text{该辅助生产车间直接发生的费用}+\text{分配转入费用}\right)\div\text{该辅助生产车间向其他车间、部门提供产品或劳务数量}$$

$$\text{各车间、部门应分配辅助生产费用}=\text{该车间或部门耗用产品或劳务数量}\times\text{辅助生产车间费用分配率}$$

【例 3-5】某企业设有供电、修理两个辅助生产车间，由于各辅助生产车间只提供一种劳务，因而不设置“制造费用明细账”，辅助生产车间所发生的费用全部登记在“辅助生产成本明细账”中。供电车间“辅助生产成本明细账”见表3-7，修理车间本月发生费用340 000元（“辅助生产成本明细账”略）。各辅助生产车间提供劳务数量及各受益单位耗用量见“辅助生产劳务供应通知单”（表3-8）。

表3-7 辅助生产成本明细账

车间：供电车间 2023年9月 单位：元

日期	凭证	摘要	工资	办公费	折旧费	外购电力	消耗材料	其他支出	合计	转出	余额
略	略	分配材料费用	—	—	—	—	25 000	—	25 000	—	—
		分配工资费用	5 400	—	—	—	—	—	5 400	—	—
		提取折旧费	—	—	20 000	—	—	—	20 000	—	—
		分配其他费用	—	28 000	—	—	—	14 000	42 000	—	—
		外购电力费用	—	—	—	211 360	—	—	211 360	—	—
		合计	5 400	28 000	20 000	211 360	25 000	14 000	303 760	—	—
		本月转出	—	—	—	—	—	—	—	303 760	0

表 3-8　　辅助生产劳务供应通知单

2023年9月

受益单位	用电度数（度）	修理工时（小时）
供电车间	—	510
修理车间	22 200	—
第一生产车间：产品耗用	210 000	3 500
一般耗用	11 200	400
第二生产车间：产品耗用	97 500	1 500
一般耗用	14 800	200
管理部门耗用	27 300	690
合计	383 000	6 800

供电车间耗用修理车间费用=340 000÷6 800×510

=25 500（元）

修理车间耗用供电车间费用=303 760÷383 000×22 200

=17 607（元）

由于修理车间耗用供电车间费用少，而供电车间耗用修理车间费用多，因而，修理车间排列在前，先将费用分配出去。分配时，既要将费用分配给基本生产车间、行政管理等部门，也要分配给排列在后的供电车间。由于供电车间排列在后，因此，其所分配费用由两部分组成：本车间发生费用和修理车间转入费用。应分配劳务数量不包括修理车间耗用的22 200度电。具体计算见表3-9。

表 3-9　　辅助生产费用分配表（顺序分配法）

2023年9月　　金额单位：元

项目	分配数量	分配费用			分配率	分配额							
		直接发生费用	分配转入费用	小计		供电车间		生产成本		制造费用		管理费用	
					数量	数量	金额	数量	金额	数量	金额	数量	金额
修理车间	6 800	340 000	—	340 000	50	510	25 500	5 000	250 000	600	30 000	690	34 500
供电车间	360 800	303 760	25 500	329 260	0.91	—	—	307 500	280 619	26 000	23 727	27 300	24 914（倒推）
合计	—	643 760	25 500	669 260	—	—	25 500	—	530 619	—	53 727	—	59 414

供电车间费用分配率=（303 760+25 500）÷（383 000−22 200）=0.91

根据上述计算结果，编制会计分录如下：

借：生产成本——辅助生产成本（供电车间）　25 500

——基本生产成本　530 619

制造费用　53 727

管理费用　59 414

贷：生产成本——辅助生产成本（供电车间）　329 260

——辅助生产车间（修理车间）　340 000

采用顺序分配法分配辅助生产费用的优点是计算方法简便，但是，由于排列在前的辅助生产车间不负担排列在后的辅助生产车间的费用，分配结果的准确性受到一定影响；同时，这种方法也不利于调动排列在前的辅助生产车间降低耗费排列在后的辅助生产车间产品或劳务的积极性。因此，顺序分配法一般适用于辅助生产车间相互提供产品或劳务有明确顺序，并且排列在前的辅助生产车间耗用排列在后的辅助生产车间产品或劳务较少的情况。

思政园地

树立大局观念，全面控制各项成本

企业生产成本不仅包括基本生产车间发生的成本，辅助生产车间的支出也同样不可忽略，两者都是产品成本的组成部分，不论哪一项成本控制出现问题，都可能导致企业经营失败。因此，要真正做到成本控制，就必须建立由全员参与、包含企业生产管理全过程的、全面的成本管理体系，使各车间、部门都不断改善经营和降低成本，使经营管理层与各车间、部门员工在思想上保持一致，争取在最低成本下进行生产管理与组织运作。

即测即评

第三章单项选择题　　第三章多项选择题　　第三章判断题

业务题

1.某企业设有供电、供水两个辅助生产车间，2023年9月发生辅助生产费用和提供产品数量资料见表3-10。

表3-10　**辅助生产费用和提供产品数量情况**

2023年9月

辅助生产车间		供电车间	供水车间
待分配费用		11 500元	7 600元
产品供应量		25 000度	2 000立方米
耗用产品数量	供电车间	—	100立方米
	供水车间	2 000度	—
	基本生产车间	18 000度	1 500立方米
	管理部门	5 000度	400立方米

要求：(1) 根据上述资料，采用直接分配法编制辅助生产费用分配表（见表3-11），并编制有关会计分录。

表 3-11 **辅助生产费用分配表（直接分配法）**

2023年9月 金额单位：元

辅助生产车间		供电车间	供水车间	合计
待分配费用				
对外产品供应量				—
分配率（单位成本）				—
基本生产车间	数量			—
	金额			
管理部门	数量			—
	金额			
合计				

（2）根据上述有关资料，采用交互分配法编制辅助生产费用分配表，见表3-12。

表 3-12 **辅助生产费用分配表（交互分配法）**

2023年9月 金额单位：元

分配方向			交互分配			对外分配		
辅助生产车间			供电车间	供水车间	合计	供电车间	供水车间	合计
待分配费用								
产品供应量					—			—
分配率（单位成本）					—			—
辅助生产车间	供水车间	数量		—	—	—	—	—
		金额		—	—	—	—	—
	供电车间	数量	—		—	—	—	—
		金额	—		—	—	—	—
基本生产车间	数量		—	—	—			—
	金额		—	—	—			
管理部门	数量		—	—	—			—
	金额		—	—	—			
合计	—		—	—	—			

2. 某企业有机修、锅炉两个辅助生产车间，2023年9月辅助生产费用分配表见表3-13。

表3-13 **辅助生产费用分配表**

2023年9月 金额单位：元

受益单位或项目	机修车间（计划单位成本5元）		锅炉车间（计划单位成本1元）		合计
	供应数量	分配金额	供应数量	分配金额	
机修车间	—	—	500		
锅炉车间	200		—	—	
基本生产	—	—	5 000		
基本生产车间	3 000		400		
企业行政管理	500		800		
按计划成本分配合计	3 700		6 700		
直接发生费用	—	18 000	—	7 000	25 000
分配转入费用	—		—		
实际成本	—		—		
辅助生产成本差异	—	—	—		

要求：(1) 采用计划成本分配法编制辅助生产费用分配表（将计算及分配结果直接填入表3-13中）。

(2) 编制辅助生产费用分配和分配差额的会计分录（差额直接记入“管理费用”科目）。

3. 某企业有供电和机修两个辅助生产车间，根据“辅助生产成本明细账”得知：2023年9月，供电车间发生直接待分配费用7 040元，机修车间发生直接待分配费用6 720元。辅助生产车间当月提供的产品或劳务数量见表3-14。

表3-14 **辅助生产车间当月提供的产品或劳务数量情况**

2023年9月

车间、部门		用电（千瓦/小时）	修理（小时）
第一生产车间	产品生产	18 500	—
	一般耗费	1 500	1 800
第二生产车间	产品生产	17 000	—
	一般耗费	1 000	2 100
管理部门		2 000	100
供电车间		—	200
机修车间		4 000	—
合计		44 000	4 200

要求：采用代数分配法分配辅助生产费用并填表3-15，编制相应的会计分录。

表3-15 **辅助生产费用分配表（代数分配法）**

2023年9月 金额单位：元

辅助生产车间名称			供电车间	机修车间	合计
待分配费用					
供应劳务数量					—
分配率					—
生产成本	机修车间	数量		—	—
		金额		—	
	供电车间	数量	—		—
		金额	—		
	第一生产车间产品	数量		—	—
		金额		—	
	第二生产车间产品	数量		—	—
		金额		—	
制造费用	第一生产车间	数量			—
		金额			
	第二生产车间	数量			—
		金额			
管理费用		数量			—
		金额			
合计					

4.某企业有供水和供电两个辅助生产车间，主要为本企业基本生产车间和行政管理等部门服务。根据“辅助生产成本明细账”的资料，供水车间本月发生费用2 065元，供电车间本月发生费用4 740元。辅助生产车间供应产品或劳务数量见表3-16。

表3-16 **辅助生产车间供应产品或劳务数量**

受益单位		耗水（立方米）	耗电（度）
基本生产——丙产品		—	10 300
基本生产车间		20 500	8 000
辅助生产车间	供电车间	1 000	—
	供水车间	—	3 000
行政管理部门		8 000	1 200
专设销售机构		2 800	500
合计		32 300	23 000

要求：采用顺序分配法分配辅助生产费用并填表3-17，编制相应的会计分录。

表 3-17 **辅助生产费用分配表（顺序分配法）** 金额单位：元

项目	辅助生产车间						基本生产车间				行政管理部门		专设销售机构		分配金额合计
车间部门	供电车间			供水车间			丙产品		基本生产车间						
	劳务量	待分配费用	分配率	劳务量	待分配费用	分配率	消耗量	分配金额	消耗量	分配金额	消耗量	分配金额	消耗量	分配金额	
分配电费															
分配水费															
分配金额合计															

第三章业务题参考答案

第四章　在产品和完工产品的成本分配

【学习目标与要求】

通过本章学习，了解在产品收发存的日常核算、在产品与完工产品成本计量模式，了解生产费用在本期完工产品和期末在产品之间合理分配对本期完工产品成本计算的重要性，理解在选择完工产品与在产品之间费用分配方法时应考虑的条件，掌握在产品与完工产品成本分配方法（包括约当产量法、在产品按定额成本计价法、定额比例法、按所耗直接材料成本计价法、不计算在产品成本法、在产品按年初固定数计价法），了解联产品和副产品的概念和特点，理解联产品的成本分配方法，掌握联产品和副产品的成本计算方法，能根据企业生产特点和管理要求选择适当的成本计算方法。

【价值塑造目标】

通过对成本分配的理解和把握，培养客观公正、诚实守信的美好品德，秉持实事求是、坚守准则的工作态度。

【思政案例】

无故冲减成本及费用，财务舞弊害人害己①

某股份有限公司（集团）原董事长、法定代表人李某因涉嫌提供虚假财会报告罪，被司法机关依法予以追诉。此前，该公司其他涉嫌犯罪的相关责任人已分别被司法机关依法追究刑事责任。该公司巨额亏空及造假事件于2000年10月经新华社披露后，中国证监会立即组织力量展开调查。经中国证监会查明，该公司上市前采取虚提返利、少计费用、费用跨期入账等手段，虚增利润1 908万元，并据此制作了虚假上市申报材料；上市后，该公司采取虚提返利、费用挂账、无依据冲减成本及费用、费用跨期入账等手段，累计虚增利润14 390万元。另外，该公司还存在股本金不实、上市报告书有重大遗漏，年报信息披露有虚假记载、误导性陈述或重大遗漏等问题。该公司的行为已触犯《中华人民共和国刑法》第一百六十一条之规定，涉嫌提供虚假财

① 根据“中国会计视野”网站等对郑百文公司的报道内容编写。

会报告罪，李某作为公司董事长、法定代表人，负有直接责任，应当依法予以追诉，相关财务人员也要得到相应的处理。

专业分析 这是一起严重违反法律的事件，该公司上市后，采取非法手段虚增利润，骗取在股市的配股权，使广大股民蒙受重大损失。该公司会计人员违背职业道德，提供虚假财务信息，最后害人害己。

思政分析 会计人员在成本核算过程中，必须依据会计法、企业会计准则、企业会计制度等法律法规进行业务处理，不能屈从权势的压力，不能做假账，不能提供虚假财务信息。会计人员只有严格遵守会计法律法规的规定，才能客观公正地处理会计业务。

第一节 在产品收发存的核算

一、在产品概念

微课 4-1

在产品和完工产品概念

在产品是指没有完成全部生产过程、不能作为商品对外销售的产品。在工业企业中，从广义（即从整个企业）来讲，在产品包括正在车间加工中的在产品和加工一段时期留存在半成品库以及以后使用的各步骤半成品；从狭义（即从某一车间或生产步骤）来讲，在产品仅指正在本车间或本生产步骤加工的那部分产品。对外销售的自制半成品属于商品产品，验收入库后不应列入在产品之内。

二、在产品结存数量核算

在产品结存数量同其他材料物资结存数量一样，应同时具备账面核算资料和实际盘点资料。企业要做好在产品收发存的日常核算工作，也要做好在产品的清查工作。例如，车间在产品收发存的日常核算通常是通过“在产品收发结存账”进行的。

在实务中，企业通常建立在产品台账，应分别车间并按照在产品品种和名称设立，用来反映车间各种在产品的转入、转出和结存数量。企业各车间应认真做好在产品的计量、验收和交接工作，在此基础上，根据领料凭证、在产品内部转移凭证、产成品检验凭证和产品交库凭证，及时、完整地登记“在产品收发结存账”。车间核算人员登记账簿时，应做好相关工作，这样既可以从账面上随时掌握在产品的动态，又可以清查在产品的实际数量。这对于正确计算产品成本、加强生产资金管理、保证在产品安全完整，以及保证账实相符都有重要意义。

为了核实在产品的实际数量，企业必须做好在产品的清查工作，可以定期进行清查，也可以不定期轮流清查。如果有的车间没有建立在产品日常收发核算记录，则每个月末都必须清查一次在产品，以便取得在产品实际盘存资料。清查后，企业应根据盘点结果和账面资料编制“在产品盘点表”，填明在产品账面数、实存数和盘存盈亏数，以及盈亏原因和处理意见；对于报废和毁损的在产品，还要登记残值并进行相应的账务处理。

（一）盘盈在产品账务处理

在产品发生盘盈时，盘盈在产品成本应按照计划成本或定额成本入账，具体账务处理为：

借：生产成本——基本生产成本（记入“生产成本明细账”各成本项目）

　贷：待处理财产损溢——待处理流动资产损溢

按管理权限经批准进行处理时，一般是冲减“管理费用”科目，具体账务处理为：

借：待处理财产损溢——待处理流动资产损溢

　贷：管理费用

（二）盘亏和毁损在产品账务处理

在产品发生盘亏和毁损时，根据其账面实际成本，进行如下账务处理：

借：待处理财产损溢——待处理流动资产损溢

　贷：生产成本——基本生产成本

同时，从相应“生产成本明细账”各成本项目中转出，冲减在产品成本。

在产品毁损入库残值应根据估计成本入账，冲减在产品损失，具体账务处理为：

借：原材料

　贷：待处理财产损溢——待处理流动资产损溢

在产品盘亏净损失应根据不同情况进行不同的账务处理，分别列入不同会计科目中。如对于应计入产成品成本的部分，应借记“管理费用”科目；应由责任人或保险公司赔偿的部分，应转入“其他应收款”科目借方。具体账务处理为：

借：管理费用

　　其他应收款

　贷：待处理财产损溢——待处理流动资产损溢

三、在产品与完工产品成本计量模式

企业在日常生产过程中，生产产品发生的费用归集之后分配至“基本生产成本明细账”和完工产品（产成品）计算单等。企业在具体成本核算中，若月（期）初、月（期）末有在产品，则本月（期）发生的生产成本（费用）需加上月（期）初在产品成本之和，在在产品与完工产品之间进行分配。计算公式为：

$$\begin{matrix}\text{月(期)初}\\\text{在产品成本}\end{matrix}+\begin{matrix}\text{本月(期)}\\\text{生产成本(费用)}\end{matrix}=\begin{matrix}\text{月(期)末}\\\text{在产品成本}\end{matrix}+\begin{matrix}\text{完工产品}\\\text{成本}\end{matrix}$$

在实务中，企业月（期）末在产品成本和完工产品成本计算一般有三种模式：

模式一：先计算完工产品成本，然后将生产成本合计减去完工产品成本，其余额就是月（期）末在产品成本。

模式二：先计算月（期）末在产品成本，将生产成本合计减去在产品成本，其余额就是完工产品成本。

模式三：采用适当方法同时计算出完工产品成本和月（期）末在产品成本。

企业应依据月（期）末在产品数量及成本大小、定额资料是否准确、各成本项目所占比重大小等影响因素来确定相应的方法，从而计算出月（期）末在产品成本和完工产品成本。

第二节　在产品与完工产品的成本分配方法

企业将生产成本（费用）在在产品和完工产品之间进行分配时，应在每个月（期）末就当月（期）“生产成本明细账”中按照成本项目归集的该种产品本月（期）生产成本资料，分情况进行处理。

若产品已经全部完工，则“生产成本明细账”中归集的月（期）初在产品生产成本与本月（期）发生的生产成本之和，就是该种完工产品成本。

若产品全部没有完工，则“生产成本明细账”中归集的月（期）初在产品生产成本与本月（期）发生的生产成本之和，就是该种在产品成本。

若既有完工产品又有在产品，“生产成本明细账”中归集的月（期）初在产品生产成本与本月（期）发生的生产成本之和，应当在完工产品和月（期）末在产品之间采用适当的分配方法进行归集并分配，以计算完工产品和月（期）末在产品成本。

在实务中，企业应当根据在产品数量多少、各月（期）在产品数量变化大小、各项成本比重大小，以及定额管理的基础情况等因素，采用适当的分配方法，将生产成本在完工产品和在产品之间进行分配。一般情况下，企业采用的计算方法包括约当产量法、在产品按定额成本计价法、定额比例法、按所耗直接材料成本计价法、不计算在产品成本法、在产品按年初固定数计价法等。

一、约当产量法

约当产量法也称约当产量比例法，就是将月（期）末在产品数量按照完工程度折算为相当于完工产品的产量，即约当产量，然后将产品应负担的全部成本按照完工产品数量和月（期）末在产品约当产量的比例分配计算完工产品成本和月（期）末在产品成本。此方法适用于月（期）末在产品数量较多、各月（期）在产品数量变化较大，且生产成本中直接材料和直接人工等费用比重相差不大的产品。

采用此种方法时，需要特别注意的是，在计算约当产量时，在产品耗用的原材料投入和加工费用（直接人工、制造费用等）计算在不同情况下是不一样的，主要分为以下三种：

（一）原材料在生产开始时一次投入

在这种情况下，原材料投料百分比为100%，每件在产品耗用原材料同完工产品相同，所以，在分配材料费用时，企业不必计算在产品“直接材料”成本项目的约当产量，应按完工产品和在产品数量比例分配材料费用。至于加工费用，一般是随着生产过程而逐渐增加的，所以，加工费用需要按在产品完工程度计算约当产量，按完工产品和在产品约当产量的比例分配计算完工产品和在产品的加工费用。

若原材料在开始生产时一次投入，采用约当产量法计算在产品和完工产品成本的计算公式为：

$$\text{直接材料费用分配率}=(\text{月(期)初在产品直接材料费用}+\text{本月(期)发生直接材料费用})\div(\text{完工产品数量}+\text{月(期)末在产品数量})$$

月（期）末在产品直接材料成本=月（期）末在产品数量×直接材料费用分配率

$$\text{加工费用分配率}=(\text{月(期)初在产品加工费用}+\text{本月(期)发生加工费用})\div(\text{完工产品数量}+\text{月(期)末在产品约当产量})$$

月（期）末在产品约当产量=月（期）末在产品数量×月（期）末在产品完工程度（%）

月（期）末在产品加工成本=月（期）末在产品约当产量×加工费用分配率

月（期）末在产品成本=月（期）末在产品直接材料成本+月（期）末在产品加工成本

完工产品直接材料成本=完工产品数量×直接材料费用分配率

或　　=直接材料费用总额-月（期）末在产品直接材料成本

完工产品加工成本=完工产品数量×加工费用分配率

或　　=加工费用总额-月（期）末在产品加工成本

完工产品成本=完工产品直接材料成本+完工产品加工成本

【例4-1】某企业生产甲产品。2023年9月完工26件；在产品10件，平均完工程度为40%；原材料为360元，且为生产开始时一次投入；加工费用为3 000元。

采用约当产量法，本月发生的生产成本分配情况如下：

$$\text{直接材料费用分配率}=(\text{月初在产品直接材料费用}+\text{本月发生直接材料费用})\div(\text{完工产品数量}+\text{月末在产品数量})$$

=360÷（26+10）=10

月末在产品直接材料成本=月末在产品数量×直接材料费用分配率

=10×10=100（元）

完工产品直接材料成本=完工产品数量×直接材料费用分配率

=26×10=260（元）

$$\text{加工费用分配率}=(\text{月初在产品加工费用}+\text{本月发生加工费用})\div(\text{完工产品数量}+\text{月末在产品约当产量})$$

=3 000÷（26+10×40%）=100

完工产品加工成本=完工产品数量×加工费用分配率

=26×100=2 600（元）

月末在产品加工成本=月末在产品约当产量×加工费用分配率

=10×40%×100=400（元）

月末在产品成本=月末在产品直接材料成本+月末在产品加工成本

=100+400=500（元）

完工产品成本=完工产品直接材料成本+完工产品加工成本

=260+2 600=2 860（元）

【例4-2】某企业生产甲产品。2023年9月完工产品600件；在产品100件，完工程度按平均50%计算；原材料在开始时一次投入，其他费用按约当产量比例分配。甲产品月初在产品和本月耗用直接材料费用共计70 700元，直接人工费用39 650元，燃料和动力费用85 475元，制造费用29 250元。

采用约当产量法，计算生产成本分配情况如下：

（1）直接材料费用分配计算：

完工产品负担直接材料成本=70 700÷（600+100）×600
=60 600（元）

在产品负担直接材料成本=70 700÷（600+100）×100
=10 100（元）

（2）直接人工费用分配计算：

完工产品负担直接人工成本=39 650÷（600+100×50%）×600
=36 600（元）

在产品负担直接人工成本=39 650÷（600+100×50%）×100×50%
=3 050（元）

（3）燃料和动力费用分配计算：

完工产品负担燃料和动力成本=85 475÷（600+100×50%）×600
=78 900（元）

在产品负担燃料和动力成本=85 475÷（600+100×50%）×100×50%
=6 575（元）

（4）制造费用分配计算：

完工产品负担制造费用=29 250÷（600+100×50%）×600
=27 000（元）

在产品负担制造费用=29 250÷（600+100×50%）×100×50%
=2 250（元）

甲产品本月完工产品成本=60 600+36 600+78 900+27 000
=203 100（元）

甲产品本月在产品成本=10 100+3 050+6 575+2 250
=21 975（元）

根据甲产品完工产品总成本进行完工产品入库的账务处理：

借：库存商品　　　　203 100

　　贷：生产成本——基本生产成本　　　　203 100

（二）原材料分阶段在每道工序开始时一次投入

如果原材料不是在开始生产时一次投入，而是分阶段在每道工序开始时一次投入，那么在产品原材料项目投料程度（也称投料率）按某道工序单位产品累计定额投入量占单位产品定额消耗量计算。由于加工费用是随着生产进度陆续投入的，因此，在产品加工费用完工程度（也称完工率）一般按某道工序单位产品累计定额工时占单位产品定额工时计算。计算公式为：

$$\text{某道工序在产品原材料投料率}=\text{该道工序单位产品原材料累计定额投入量}\div\text{单位产品原材料定额消耗量}$$

$$\text{某道工序在产品完工率}=(\text{上一道工序累计单位工时定额}+\text{本工序单位工时定额}\times 50\%)\div\text{单位产品工时定额}$$

【例4-3】某企业2023年9月生产甲产品，经过三道工序加工，原材料随着生产进度陆续投入，且在每道工序开始时一次投入。在产品数量及定额资料见表4-1。

表4-1　　在产品数量及定额资料

工序	1	2	3	合计
直接材料定额（元）	280	168	112	560
工时定额（小时）	80	160	60	300
在产品数量（台）	60	70	30	160

根据在产品数量及定额资料，计算各工序产品投料率和完工率及约当产量，见表4-2和表4-3。

表4-2　　甲产品投料率和约当产量计算表

工序	各工序直接材料定额（元）	投料率	在产品数量（台）	约当产量（台）
1	280	（280÷560）×100%=50%	60	30
2	168	［（280+168）÷560］×100%=80%	70	56
3	112	［（280+168+112）÷560］×100%= 100%	30	30
合计	560	—	160	116

表4-3　　甲产品完工率和约当产量计算表

工序	各工序工时定额（小时）	完工率	在产品数量（台）	约当产量（台）
1	80	［（80×50%）÷300］×100%=13.33%	60	8
2	160	［（80+160×50%）÷300］×100%=53.33%	70	37
3	60	［（80+160+60×50%）÷300］×100%= 90%	30	27
合计	300	—	160	72

甲产品月初在产品和本月发生费用见表4-4，本月完工产品200台，据此编制甲产品成本计算单。

表 4-4

甲产品成本计算单

2023 年 9 月

金额单位：元

摘要		直接材料	燃料和动力	直接人工	制造费用	合计
月初在产品与本月发生费用合计		90 060	13 600	19 040	8 160	130 860
甲产品产量（台）	完工产品产量	200	200	200	200	—
	在产品约当产量	116	72	72	72	—
合计		316	272	272	272	—
单位成本（元/台）		285	50	70	30	435
结转完工产品成本		57 000	10 000	14 000	6 000	87 000
月末在产品成本		33 060	3 600	5 040	2 160	43 860

（三）原材料随着生产进度陆续投入且在每一工序也是陆续投入

在这种情况下，原材料随着生产进度陆续投入，投入程度与生产工序投入程度完全一致或基本一致，此时需要分配直接材料成本的在产品产量要按完工程度折算出约当产量。计算公式为：

$$\frac{\text{某道工序在产品}}{\text{直接材料完工程度}}=\left(\frac{\text{上几道工序累计单位产品}}{\text{材料定额耗用量}}+\frac{\text{本工序材料}}{\text{定额耗用量}}\times 50\%\right)\div\frac{\text{单位产品原材料}}{\text{定额耗用量}}$$

【例 4-4】沿用【例 4-3】，假设原材料随着生产进度陆续投入且在每一工序也是陆续投入，各工序在产品直接材料费用完工程度计算结果为：

第一道工序直接材料费用完工程度=（280×50%）×100%÷560=25%

第二道工序直接材料费用完工程度=（280+168×50%）×100%÷560=65%

第三道工序直接材料费用完工程度=（280+168 +112×50%）×100%÷560=90%

第一道工序直接材料在产品约当产量=60×25%=15（件）

第二道工序直接材料在产品约当产量=70×65%=45.5（件）

第三道工序直接材料在产品约当产量=30×90%=27（件）

直接材料项目在产品约当产量=15+45.5+27=87.5（件）

由上述结果可以得出甲产品成本计算单，见表 4-5。

表 4-5

甲产品成本计算单

2023 年 9 月

金额单位：元

摘要		直接材料	燃料和动力	直接人工	制造费用	合计
月初在产品与本月费用合计		90 060	13 600	19 040	8 160	130 860
甲产品产量（件）	完工产品产量	200	200	200	200	—
	在产品约当产量	87.5	72	72	72	—
合计		287.5	272	272	272	—
单位成本（元/件）		313.25	50	70	30	463.25
结转完工产品成本		62 650.43	10 000	14 000	6 000	92 650.43
月末在产品成本		27 409.57	3 600	5 040	2 160	38 209.57

二、在产品按定额成本计价法

在产品按定额成本计价法，就是月（期）末在产品成本按定额成本计算，与之相应的全部成本（如果有月（期）初在产品，包括月（期）初在产品成本在内）减去按定额成本计算的月（期）末在产品成本，余额作为完工产品成本。如果某月（期）生产成本脱离定额，节约差或超支差全部计入当月（期）完工产品成本。这种方法是事先经过调查研究、技术测定或按定额资料对各个加工阶段上的在产品直接确定一个单位定额成本。在产品按定额成本计价法适用于各项消耗定额或定额成本比较准确、稳定，而且各月（期）末在产品数量变化不是很大的产品。计算公式为：

$$\text{月(期)末在产品直接材料定额成本}=\text{月(期)末在产品数量}\times\text{月(期)末单位在产品材料消耗定额}\times\text{材料计划单价}$$

$$\text{月(期)末在产品直接人工定额成本}=\text{月(期)末在产品数量}\times\text{月(期)末单位在产品工时定额}\times\text{计划小时工资率}$$

$$\text{月(期)末在产品制造费用定额成本}=\text{月(期)末在产品数量}\times\text{月(期)末单位在产品工时定额}\times\text{计划小时费用率}$$

【例 4-5】某企业生产乙产品，2023年9月完工产品3 000个，在产品400个；在产品单位定额成本为：直接材料400元，直接人工100元，制造费用150元。乙产品月初在产品和本月耗用直接材料成本1 360 000元、直接人工成本640 000元、制造费用960 000元。

采用在产品按定额成本计价法，月末在产品成本及完工产品成本见表4-6。

表4-6 **月末在产品成本及完工产品成本** 单位：元

项目	在产品定额成本	完工产品成本
直接材料	400×400=160 000	1 360 000−160 000=1 200 000
直接人工	100×400=40 000	640 000−40 000=600 000
制造费用	150×400=60 000	960 000−60 000=900 000
合计	260 000	2 700 000

根据乙产品完工产品总成本进行完工产品入库的账务处理：

借：库存商品——乙产品　　2 700 000

　贷：生产成本——基本生产成本　　2 700 000

三、定额比例法

定额比例法，就是产品生产成本在完工产品和月（期）末在产品之间按照两者的定额消耗量或定额成本比例进行分配。其中，直接材料费用按直接材料定额消耗量或定额成本比例分配；直接人工等加工费用既可按定额成本比例分配，也可按定额工时比例分配。定额比例法适用于各项消耗定额或定额成本比较准确、稳定，但各月（期）末在产品数量变动较大的产品。计算公式为：

$$\text{原材料费用分配率}=\frac{\text{月(期)初在产品成本}+\text{本月(期)生产成本}}{\text{完工产品定额原材料成本或定额工时}+\text{月(期)末在产品定额成本或定额工时}}$$

完工产品实际原材料成本=完工产品定额原材料成本×原材料费用分配率

$$\text{月(期)末在产品实际原材料成本}=\text{月(期)末在产品定额原材料成本}\times\text{原材料费用分配率}$$

$$=\text{月(期)初在产品实际原材料成本}+\text{本月(期)实际原材料费用}-\text{完工产品实际原材料成本}$$

完工产品某项加工成本=完工产品定额工时×该项加工费用分配率

月（期）末在产品某项加工成本=月（期）末在产品定额工时×该项加工费用分配率

【例4-6】某企业生产甲产品，2023年9月有关成本资料见表4-7。

表4-7 甲产品有关成本资料

2023年9月 金额单位：元

项目	直接材料			工时		直接人工	制造费用	合计
	定额消耗量（千克）	实际消耗量（千克）	金额	定额消耗量（小时）	实际消耗量（小时）			
月初在产品	1 800	1 600	3 520	8 000	8 400	2 400	1 300	7 220
本月发生	28 200	26 000	57 200	17 000	19 500	21 036	14 324	92 560
合计	30 000	27 600	60 720	25 000	27 900	23 436	15 624	99 780
材料单价（元/千克）、工资、费用率（元/小时）	—	—	2.20	—	—	0.84	0.56	—
本月完工	25 000	—	—	21 000	—	—	—	—
月末在产品	5 000	—	—	4 000	—	—	—	—

采用定额比例法，计算完工产品和在产品成本如下：

定额比例（直接材料）=（1 600+26 000）÷（25 000+5 000）=0.92

定额比例（加工费用）=（8 400+19 500）÷（21 000+4 000）=1.116

完工产品实际耗用量（直接材料）=25 000×0.92=23 000（千克）

完工产品实际耗用量（工时）=21 000×1.116=23 436（小时）

完工产品直接材料实际成本=23 000×2.20=50 600（元）

完工产品直接人工实际成本=23 436×0.84=19 686.24（元）

完工产品实际制造费用=23 436×0.56=13 124.16（元）

完工产品实际成本=50 600+19 686.24+13 124.16=83 410.40（元）

月末在产品实际耗用量（直接材料）=5 000×0.92=4 600（千克）

月末在产品实际耗用量（工时）=4 000×1.116=4 464（小时）

月末在产品直接材料实际成本=4 600×2.20=10 120（元）

月末在产品直接人工实际成本=4 464×0.84=3 749.76（元）

月末在产品实际制造费用=4 464×0.56=2 499.84（元）

月末在产品实际成本=10 120+3 749.76+2 499.84=16 369.60（元）

根据甲产品完工产品总成本进行完工产品入库的账务处理：

借：库存商品——甲产品　　83 410.40

　贷：生产成本　　83 410.40

四、按所耗直接材料成本计价法

按所耗直接材料成本计价法，就是月（期）末在产品只计算其所耗直接材料成本，不计算直接人工等加工费用。具体来说，直接材料费用（月（期）初在产品直接材料成本与本月（期）发生的直接材料费用之和）需要在完工产品和月（期）末在产品之间进行分配，而生产产品本月发生的加工费用全部由完工产品负担。按所耗直接材料成本计价法适用于各月（期）末在产品数量较多、各月（期）在产品数量变化较大，直接材料成本在生产成本中所占比重较大且材料在生产开始时一次全部投入的产品。计算公式为：

本月(期)完工产品成本 = 月(期)初在产品成本(只有材料费用) + 本月生产费用 − 月(期)末在产品成本(只有材料费用)

直接材料费用分配率=直接材料费用总额÷（完工产品数量+月（期）末在产品数量）

月（期）末在产品成本=月（期）末在产品数量×直接材料费用分配率

本月(期)完工产品成本 = 完工产品数量 × 直接材料费用分配率 + 其他各项加工费用

或　　= 生产费用合计 − 月(期)末在产品成本

【例4-7】某企业生产A产品，月初在产品成本为5 400元，本月发生直接材料费用62 200元，原材料在开始生产时一次投入。本月完工产品为200件，月末在产品为60件，本月发生直接人工费用1 400元、制造费用200元。

采用按所耗直接材料成本计价法，在产品和完工产品成本计算如下：

直接材料费用分配率=（5 400+62 200）÷（200+60）=260

月末在产品成本=60×260=15 600（元）

完工产品直接材料成本=200×260=52 000（元）

完工产品加工费用成本=1 400+200=1 600（元）

完工产品成本=52 000+1 600=53 600（元）

或

完工产品成本=5 400+62 200−15 600+1 400+200=53 600（元）

根据上述计算结果，编制A产品成本计算单，见表4-8。

表4-8　　A产品成本计算单　　单位：元

项目	直接材料	直接人工	制造费用	合计
月初在产品成本	5 400	—	—	5 400
本月发生费用	62 200	1 400	200	63 800
合计	67 600	1 400	200	69 200
完工产品成本	52 000	1 400	200	53 600
月末在产品成本	15 600	—	—	15 600
完工产品单位成本	260	7	1	268

五、不计算在产品成本法

不计算在产品成本法，就是虽有月（期）末在产品，但不计算其成本。在这种分配方法下，产品每月（期）发生的生产成本全部由完工产品负担，每月（期）发生的成本之和即为每月（期）完工产品成本。不计算在产品成本法适用于月（期）末在产品数量很少的产品。

六、在产品按年初固定数计价法

在产品按年初固定数计价法，就是各月（期）末在产品成本固定不变。如某种产品本月（期）发生的生产成本就是本月（期）完工产品的成本，但在年末，在产品成本不应再按固定不变的金额计价，企业应当根据实际盘点的在产品数量，重新调整、计算确定在产品成本；否则，会使按固定金额计价的在产品成本与其实际成本有较大差异，影响产品成本计算的正确性。这种分配方法适用于月（期）末在产品数量较多，但各月（期）变化不大的产品或月（期）末在产品数量很少的产品。

第三节　联产品和副产品成本的分配

一、联产品的概念

联产品是指企业使用同种原料，经过同一生产过程，同时生产出来的两种或两种以上主要产品。如原油作为炼油企业生产的原材料，经过同一生产过程，生产出柴油、汽油、煤油等产品，这些产品就称为联产品。

联产品的生产是联合生产，其生产特点为：

（1）生产开始时，各产品尚未分离，采用同一加工过程对联产品进行联合加工。当生产过程进行到一定生产步骤时，各产品才会分离。在分离点以前发生的生产成本称为联合成本。分离点是指在联产品生产中，投入相同原料，经过同一生产过程，分离为各种联产品的时点。

（2）分离后的联产品，有的可以直接销售，有的还需进一步加工才能销售。

企业需对分离点前在联合生产过程中发生的联合成本进行分配，并计入各联产品成本。企业将分离后对联产品继续进行加工而发生的成本称为加工成本（可归属成本），直接由接受加工的联产品负担。

二、联产品成本的分配

联产品从原材料投入到形成完工产品要经历三个阶段：分离前、分离点、分离后。联产品分离前发生的联合成本可按一个成本核算对象、设置一个成本明细账进行归集；到达分离点时，将其总额按一定方法在各联产品之间进行分配；分离后，按各产品分别设置明细账，归集其分离后所发生的加工成本（可归属成本）。

联产品成本核算的一般步骤为：

第一步：将联产品作为成本核算对象并设置成本明细账。联产品的特点决定了联产品在分离前不可能按各产品分别计算成本，只能将联产品作为成本核算对象。

第二步：归集联产品成本并计算联合成本。联产品发生的成本为联合成本，联产品的在产品一般比较稳定，可不计算期初、期末在产品成本，本期发生的生产成本全部为联产品的完工产品成本。

联产品的成本分配如图4-1所示。

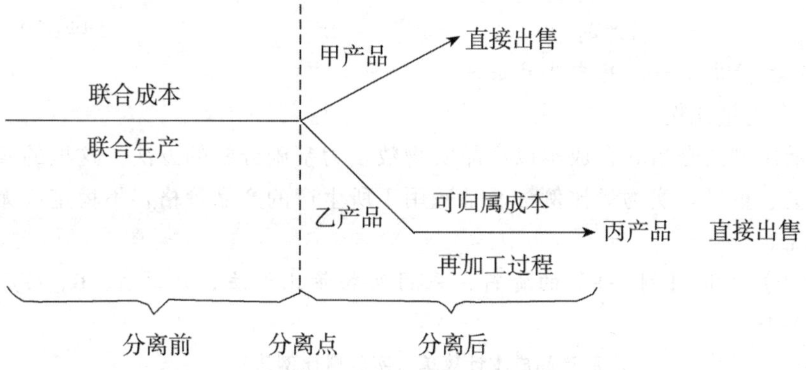

图4-1 联产品的成本分配

联产品的成本分配主要为在分离点如何对联合成本进行分配，常用的分配方法有系数法、实物量比例法、售价比例法及可实现净值比例法等。

（一）系数法

系数法是将各种联产品的实际产量按事先规定的系数折合成标准产量，然后按照各联产品标准产量比例来分配联合成本的一种方法。这里的系数标准可以是联产品的技术特征，如重量、体积、质量、性能和加工难易程度；也可以是经济指标，如定额成本、售价等。采用系数法分配联合成本，其正确与否取决于系数确定得正确与否。

【例4-8】某企业2023年9月生产A、B、C三种联产品，当月实际产量为：A产品40 000千克，B产品20 000千克，C产品15 000千克。各种产品单位市场售价为：A产品15元，B产品24元，C产品12元。联产品分离前的联合成本为1 008 000元（为简化成本计算，不分成本项目计算）。

采用系数法，计算A、B、C产品的成本，见表4-9。

表4-9 联产品成本计算单（系数法）

2023年9月 金额单位：元

品种	实际产量（千克）	系数	标准产量（千克）	分配率	各产品总成本	各产品单位成本
A产品	40 000	1	40 000	—	480 000	12
B产品	20 000	1.6	32 000	—	384 000	19.2
C产品	15 000	0.8	12 000	—	144 000	9.6
合计	75 000	—	84 000	12	1 008 000	—

注：假设A产品为标准产品，系数定为1，系数标准是产品售价。B、C产品的系数为：

B产品系数=24÷15=1.6

C产品系数=12÷15=0.8

根据表4-9和产品入库单，结转完工入库产品成本的账务处理为：

借：库存商品——A产品 480 000

——B产品 384 000

——C产品 144 000

贷：生产成本——基本生产成本 1 008 000

（二）实物量比例法

实物量比例法是指联合成本以产品实物数量为基础分配的方法。这里的实物数量可以是数量、重量。实物量比例法通常适用于所生产的产品价格很不稳定或无法直接确定的情况。

【例4-9】沿用【例4-8】的资料，采用实物量比例法，计算A、B、C产品的成本，见表4-10。

表4-10 联产品成本计算单（实物量比例法）

2023年9月 金额单位：元

品名	实际产量（千克）	分配率	各产品总成本	各产品单位成本
A产品	40 000	—	537 600	13.44
B产品	20 000	—	268 800	13.44
C产品	15 000	—	201 600	13.44
合计	75 000	13.44	1 008 000	—

根据表4-10和产品入库单，结转完工入库产品成本的账务处理为：

借：库存商品——A产品 537 600

——B产品 268 800

——C产品 201 600

贷：生产成本——基本生产成本 1 008 000

（三）售价比例法

售价比例法是指联合成本按分离点每种产品的销售价格比例进行分配的方法。采用这种方法时，每种产品在分离点的销售价格要能够可靠地计量。如果联产品在分离点即可供销售，则可采用售价比例法对联合成本进行分配。

【例4-10】沿用【例4-8】的资料，采用售价比例法，计算A、B、C产品的成本，见表4-11。

表4-11　联产品成本计算单（售价比例法）

2023年9月　金额单位：元

品种	实际产量（千克）	单价	销售价格	分配率	各产品总成本	各产品单位成本
A产品	40 000	15	600 000	—	480 000	12.0
B产品	20 000	24	480 000	—	384 000	19.2
C产品	15 000	12	180 000	—	144 000	9.6
合计	75 000	—	1 260 000	0.8	1 008 000	—

根据表4-11和产品入库单，结转完工入库产品成本的账务处理为：

借：库存商品——A产品　480 000

——B产品　384 000

——C产品　144 000

贷：生产成本——基本生产成本　1 008 000

（四）可实现净值比例法

可实现净值比例法是指按照各种联产品可实现净值比例来分配联合成本的一种方法。可实现净值是指产品最终售价减去其可归属成本的余额。对不需要进一步加工的联产品，可实现净值就是其售价。这种分配方法适用于联产品分离后仍需要进一步加工方可销售的情况。需要注意的是，企业采用可实现净值比例法分配联产品成本时，容易混淆联合成本与可归属成本的界限。

三、副产品成本的分配

副产品是指在主要产品生产过程中附带生产出的一些非主要产品，或利用生产中的废料等加工而成的产品。副产品是与主要产品经过同一生产过程、使用相同原材料而生产出来的产品，如炼油企业在提炼原油的过程中所产生的渣油、石焦油，酿酒企业在酿酒过程中所产生的酒糟，制皂企业在制皂过程中所产生的甘油，以及木材加工企业利用生产过程中产生的木屑生产的纤维板等。

副产品是企业生产的次要产品，不是企业生产活动的主要目标，相对于主要产品而言，副产品的经济价值一般较低，销售价格往往也较低。

尽管副产品的价值相对于主要产品而言比较低，但它仍具有一定的经济价值，能满足某些方面的需要，而且客观上发生了耗费，因此，企业需要采取一定的成本核算方法来分配联合成本。

（一）价值较低的副产品

（1）若是分离后不需要进一步加工的副产品，可不负担分离前的联合成本或以定额单位成本计算其应负担的联合成本。

（2）若是分离后仍需要进一步加工才能出售的副产品，只需计算归属于该产品的再加工成本即可。

（二）价值较高的副产品

（1）若是分离后不需要进一步加工的副产品，往往以其销售价格作为计算依据。比如，可以将销售价格扣除税金、销售费用和按正常利润率计算的销售利润后的余额，作为副产品应负担的联合成本。

（2）若是分离后仍需要进一步加工才能出售的副产品，应同时负担可归属于该产品的再加工成本和分离前应负担的联合成本，可在上述计算结果的基础上再减去可归属成本后作为其应负担的联合成本。

【例4-11】2023年9月，某企业在生产主要产品甲的同时，附带生产出乙副产品，乙副产品分离后需进一步加工才能出售。当月共发生联合成本155 000元，其中直接材料77 500元、直接人工31 000元、制造费用46 500元。乙副产品进一步加工发生直接人工2 000元、制造费用2 500元。当月生产甲产品1 000千克、乙副产品200千克，乙副产品的市场售价为150元/千克，单位税金和利润为50元。

在本例中，采用乙副产品既要负担再加工成本（可归属成本）又要负担分离前联合成本的方法，计算甲产品成本和乙副产品成本，见表4-12和表4-13。

表4-12 甲产品成本计算单

2023年9月 单位：元

品种	直接材料	直接人工	制造费用	合计
生产费用合计	77 500	31 000	46 500	155 000
结转副产品负担的联合成本	7 750	3 100	4 650	15 500
本月完工甲产品生产成本	69 750	27 900	41 850	139 500
单位成本	69.75	27.90	41.85	139.50

表4-13 乙副产品成本计算单

2023年9月 单位：元

品名	直接材料	直接人工	制造费用	合计
分摊的联合成本	7 750	3 100	4 650	15 500
可归属的成本	—	2 000	2 500	4 500
乙副产品总成本	7 750	5 100	7 150	20 000
单位成本	38.75	25.50	35.75	100

注：乙副产品应负担联合成本=200×（150−50）−（2 000+2 500）=15 500（元），在本例中，乙副产品应负担的联合成本按分离前联合成本的成本项目构成比例分配给乙副产品的各成本项目为：

分配率=15 500÷155 000=0.1

直接材料=77 500×0.1=7 750（元）

直接人工=31 000×0.1=3 100（元）

制造费用=46 500×0.1=4 650（元）

根据表4-12和表4-13，结转完工入库产品成本的账务处理为：

借：库存商品——甲产品　　139 500

　　　　　　——乙副产品　　20 000

　贷：生产成本——基本生产成本　　159 500

思政园地

客观公正，坚持准则

会计人员必须有实事求是的精神和客观公正的态度，一切从实际出发，注重调查研究，对会计资料和会计信息进行如实反映、公正鉴定，求得主观与客观一致，做到会计结论有理有据。客观公正应该贯穿于成本核算的整个过程。一是成本核算过程的客观公正，这是指会计人员在进行职业判断或业务处理时，应保持客观公正的态度，实事求是、不偏不倚，既不违背事实，也不夸大或者缩小事实，不能为了个人或者小团体的利益而损害国家利益。二是最终结果客观公正，这要求会计人员对经济业务的处理结果是公正的。成本核算过程的客观公正和最终结果的客观公正都是十分重要的。没有客观公正的核算过程作为前提，结果的客观公正就难以保证；没有客观公正的结果，业务操作过程的客观公正就失去了意义。

即测即评

第四章单项选择题　　第四章多项选择题　　第四章判断题

业务题

1. 某企业C产品本月完工产品为3 000件；在产品为400件，完工程度按平均50%计算。原材料在生产开始时一次投入，其他成本按约当产量比例分配。C产品本月月初在产品和本月耗用直接材料费用共计136万元，直接人工费用64万元，制造费用96万元。

要求：采用约当产量法计算C产品成本并进行完工产品入库的账务处理。

2. 某企业根据生产特点和管理要求，对A产品发生的生产费用采用约当产量法在完工产品与月末在产品之间进行分配，原材料在生产开始时一次投入，其他加工费用发生较为均衡，期末在产品完工程度按平均50%计算。

资料1：该企业2023年9月成本费用资料如下：

（1）A产品月初在产品为220件，直接材料为220 000元，直接人工为18 000元，制造费用为24 000元。

（2）本月投入生产A产品780件，本月完工产品为840件，月末在产品为160件。

（3）本月生产A产品发生的有关成本费用资料如下：

①本月投入生产A产品耗用主要材料700 000元、辅助材料40 000元，车间管理部门耗用材料3 000元。

②本月分配直接生产A产品工人工资145 800元、福利费18 360元，车间管理人员工资40 000元。

③本月确认生产A产品应负担车间管理部门水电费30 700元，车间生产工人劳保用品费3 500元。

资料2：该企业2023年9月A产品单位计划成本为1 100元。其中，直接材料803元、直接人工154元、制造费用143元。

假定除上述资料外，不考虑其他相关因素。

要求：（1）根据上述资料，填列A产品成本计算单，见表4-14。

表4-14 **A产品成本计算单**

2023年9月 金额单位：元

月	日	摘要	产量（件）	直接材料	直接人工	制造费用	合计
9	1	期初在产品成本	220	220 000	18 000	24 000	262 000
	30	本月生产费用	780				
	30	生产费用累计	1 000				
		单位成本	—				—
	30	完工产品成本	840				
	30	月末在产品成本	160				

（2）根据上述资料，进行结转完工入库A产品成本的账务处理。

（3）根据上述资料，计算该企业2023年9月A产品计划总成本及其各成本项目的金额，分析当月成本计划的完成情况。

3.某工业企业生产甲产品的原材料在生产开始时一次投入，产品成本中原材料费用所占比重很大，月末在产品成本计算采用按所耗直接材料成本计价法。2023年9月初，在产品费用为8 000元，该月生产费用为：直接材料16 000元，直接人工3 000元，制造费用4 000元。该月完工产品500件，月末在产品300件。

要求：采用按所耗直接材料成本计价法，计算完工产品成本。

4. 2023年9月，某企业C产品完工产品为30万件，在产品为4万件。在产品单位定额成本（费用定额）为：直接材料400元，直接人工100元，制造费用150元。C产品本月初在产品和本月耗用直接材料成本共13 600万元，直接人工6 400万元，制造费用9 600万元。

要求：采用在产品按定额成本计价法，计算在产品成本及完工产品成本，填写表4-15，并进行相应的账务处理。

表4-15　**在产品成本及完工产品成本**　单位：万元

项目	在产品定额成本	完工产品成本
直接材料		
直接人工		
制造费用		
合计		

5.某企业2023年9月甲产品成本明细账部分数据见表4-16。

表4-16　**甲产品成本明细账（部分数据）**　金额单位：元

月	日	摘要		直接材料	直接人工	制造费用	合计
8	31	余额		2 450	3 000	2 000	7 450
9	30	本月生产费用		8 000	13 000	10 000	31 000
	30	合计					
		分配率					
	30	完工产品	定额	8 000	3 000小时	—	—
			实际				
	30	月末在产品	定额	3 000	1 000小时	—	—
			实际				

要求：采用定额比例法分配成本费用并填表4-16（直接材料费用按定额费用比例分配，其他费用按定额工时比例分配）。

6.某企业生产甲产品和乙产品，甲产品和乙产品为联产品。2023年9月发生加工费用1 200万元。甲产品和乙产品在分离点的销售价格总额为1 500万元。其中，甲产品销售价格为900万元，乙产品销售价格为600万元。

要求：采用售价比例法分配联合成本。

7.2023年9月某企业在生产主要产品的同时还生产了某种副产品，该副产品可直接对外销售，该企业规定的售价为每千克100元。当月主要产品和副产品发生的生产成本总额为50万元，副产品的产量为500千克。假定该企业按预先规定的副产品售价确定其成本。

要求：计算主要产品成本和副产品成本。

第四章业务题参考答案

第五章　产品成本计算的品种法

【学习目标与要求】

通过本章学习，了解品种法的含义和适用范围，理解品种法的特点，掌握品种法的成本计算程序及其应用，能够熟练地运用品种法进行产品成本计算。

【价值塑造目标】

通过了解生产产品资源的有限性，培养吃苦耐劳、艰苦奋斗的传统美德，培养关心社会、为社会做贡献的责任心。

【思政案例】

吃苦耐劳、艰苦奋斗，坚决弄清楚成本[①]

2020年，热播电视剧《大江大河》讲述了在改革开放大背景下，以宋运辉、雷东宝、杨巡为代表的先行者们在变革浪潮中不断探索和突围的浮沉故事。主人公之一的宋运辉是国营经济的代表人物，是国营企业金州化工厂技术员、东海化工厂厂长。

在《大江大河2》中，在东海项目的前期筹备过程中，宋运辉曾对下属提出要求"成本核算一定要弄清楚"。作为一个管理者，宋运辉不光技术过硬，还非常重视成本管理，由此可见，成本核算对于一个项目的成败具有非常重要的作用。

专业分析　一般企业生产的产品品种较多，其成本核算对象是每种产品，需要按每种产品分别设置产品成本计算单。产品品种多，流程工序复杂，涉及的材料也多，并不是简单的成本核算就能够梳理清晰的。如果不采用适当的成本计算方法，成本核算就可能出现过于粗糙或成本费用分配不合理等一系列问题，给后续成本管理工作加大难度和工作量。

思政分析　企业的产品品种多，涉及的材料也多，要想弄清楚成本，就要求会计人员有吃苦耐劳、艰苦奋斗的精神。

---

① 根据爱奇艺相关视频编写。

第一节　品种法概述

一、品种法的概念

品种法，也称简单法，是指以产品品种作为成本核算对象，归集和分配生产费用，计算产品成本的一种方法。这种方法一般适用于大量大批单步骤生产的企业，如发电、供水、采掘等企业。在这类企业的生产中，产品生产过程不能从技术上划分步骤，比如，企业或车间规模较小，或者车间是封闭的，也就是说，从材料投入到产品产出的全部生产过程都在一个车间内进行；或者产品生产按流水线组织，管理上不要求按照生产步骤计算产品成本。

二、品种法的主要特点

品种法在具体核算产品成本时有以下三个主要特点：

（一）成本核算对象是产品品种

品种法的成本核算对象是产品品种，也就是每种产品，因此，企业在进行成本核算时，需要为每种产品设置一张产品成本计算单。

如果企业只生产一种产品，成本核算对象就是该种产品，只需为该种产品设置一张产品成本计算单，并按成本项目设置专栏，生产中所发生的生产费用都是直接费用，可以直接根据有关凭证和费用分配表区分成本项目，全部列入该种产品成本计算单中。在这种情况下，没有在各种成本核算对象之间分配成本的问题。

如果企业生产多种产品，成本核算对象则是每种产品，需要按每种产品分别设置成本明细账和产品成本计算单，生产中发生的生产费用要区分为直接费用和间接费用，凡是能分清应由某种产品负担的直接费用，应直接计入该种产品成本计算单中；对于几种产品共同耗用而又分不清应由哪种产品负担多少数额的间接费用，应采用适当的分配方法，在各种产品之间，或者直接进行分配，或者另行归集汇总为制造费用后再分配计入各种产品成本计算单的相关成本项目中。

（二）一般应定期（如每个月末）计算产品成本

企业采用品种法核算产品成本时，从其生产过程来看，有的是单步骤生产，有的是多步骤生产，但从生产组织方式来看，大多是大量、大批生产，是连续不断地重复某一种或某几种产品的生产，经常存在较多完工产品，因此，不能等到产品全部制造完工时再计算成本，而只能定期在月末核算完工产品成本。

（三）若企业月末有在产品，须将生产成本在完工产品和在产品之间进行分配

月末计算产品成本时，如果没有在产品，或者在产品数量很少且金额占生产费用总额的比例不大，按照重要性原则，就不需要计算在产品成本，产品成本计算单中所归集的全部生产费用就是该产品的完工产品总成本，除以该完工产品产量，即可求得单位成本；如果月末有在产品且数量较多，占用生产费用的比例较大，就需要将产品成本计算

单中所归集的生产费用（包括月初在产品成本和本月发生的费用）采用适当的分配方法在完工产品和月末在产品之间进行分配，以便计算出完工产品成本和月末在产品成本。

在品种法下，企业核算出完工产品成本并将完工产品入库时，应该根据产品成本计算单（即“基本生产成本明细账”）进行完工产品入库的账务处理：

借：库存商品——××产品

　贷：生产成本——基本生产成本（××产品）

三、品种法成本核算程序

品种法成本核算程序是指企业对产品生产过程中所发生的各项生产费用，依据相关会计法规、制度、准则的规定，进行审核、归集和分配，从而计算出相关月末完工产品成本和在产品成本的过程。一般来说，企业采用品种法核算产品成本的程序有以下六步：

第一步：根据产品品种设置产品成本计算单。企业按产品品种设立成本明细账，主要依据各项费用的原始凭证及相关资料编制有关记账凭证并登记有关明细账，编制各种费用分配表，分配各种要素费用。

第二步：根据上述各种费用分配表和其他有关资料，登记“辅助生产成本明细账”、“基本生产成本明细账”和“制造费用明细账”等。

第三步：根据“辅助生产成本明细账”编制辅助生产成本分配表，分配辅助生产成本。

第四步：根据“制造费用明细账”编制制造费用分配表，在各种产品之间分配制造费用，并据以登记“基本生产成本明细账”。

第五步：根据各产品“基本生产成本明细账”编制产品成本计算单，分配完工产品成本和月末在产品成本。

第六步：汇编成本汇总表，结转完工产品成本和月末在产品成本。

品种法成本核算的一般程序如图5-1所示。

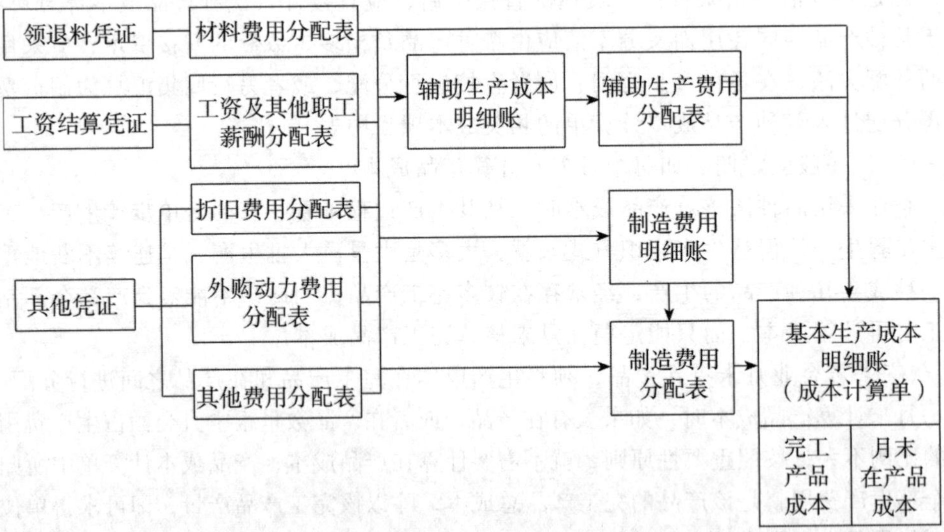

图5-1　品种法成本核算的一般程序

第二节　品种法举例

本节以具体企业为例，说明品种法成本核算的实际运用。

一、简单品种法举例

（一）企业概况

1.生产车间设置

某火力发电企业以煤为燃料，属于单步骤、大量生产企业，只生产电力一种产品。该企业设有燃料、锅炉、汽机和电机四个基本生产车间，还设有一个修理车间和若干个管理科室。

2.生产过程

该企业以煤为燃料进行火力发电，生产过程的特点主要表现为：通过燃料煤燃烧对锅炉中的水进行加热，形成高温高压的蒸汽，推动汽轮机快速旋转，带动发电机转动，从而产生电力。由于整个生产过程不能间断，又只生产电力一种产品，所以只能选择品种法计算电力产品成本，而且生产中发生的一切生产费用都是直接费用，可以直接计入电力产品成本。成本项目可以按照生产费用的经济性质和经济用途相结合的原则设置。

（二）成本核算程序

1.设置产品成本计算单

（1）为了进行成本核算，该企业设置“生产成本”总账科目，并以成本项目为专栏设置“生产成本明细账”和电力产品成本计算单，具体成本项目可以结合生产费用的经济性质和经济用途来设置。

（2）审核、归集和分配生产过程中发生的各项费用，包括“燃料费”“生产用水费”“材料费”“工资及福利费”“折旧费”“修理费”“其他费用”等项目。

（3）由于电力产品不能储存，不存在未完工在产品，因而无须将生产费用在完工产品和在产品之间进行分配。该企业生产的电力除少量自用外，全部对外供应，因此，当月发生的全部生产费用就是当月电力产品总成本，将其除以对外供应的电力产量，即为电力产品单位成本。

2.要素费用分配

根据该企业2023年8月各项生产费用发生的原始凭证和其他有关资料，编制各项要素费用分配表，分配各项要素费用。

（1）分配材料费用。燃料与材料费用分配见表5-1和表5-2。

根据燃料费用分配表，进行账务处理如下：

借：生产成本——燃料费　　380 000

　贷：原材料——甲原煤　　240 000

　　　　　　——乙原煤　　140 000

表5-1

燃料费用分配表

2023年8月

燃料名称	数量（吨）	单价（元/吨）	金额（元）
甲原煤	800	300	240 000
乙原煤	500	280	140 000
合计	1 300	—	380 000

表5-2

材料费用分配表

2023年8月

车间	材料名称	数量（千克）	单价（元/千克）	金额（元）
燃料车间	A材料	300	60	18 000
锅炉车间	B材料	100	30	3 000
汽机车间	C材料	220	50	11 000
电机车间	D材料	80	35	2 800
修理车间	E材料	270	20	5 400
合计	—	—	—	40 200

根据材料费用分配表，进行账务处理如下：

借：生产成本——材料费　　40 200

　贷：原材料——A材料　　18 000

　　　　　——B材料　　3 000

　　　　　——C材料　　11 000

　　　　　——D材料　　2 800

　　　　　——E材料　　5 400

（2）分配应付职工薪酬。工资及福利费分配表见表5-3。

表5-3

工资及福利费分配表

2023年8月　　单位：元

车间	工资	福利费	合计
燃料车间	20 000	2 800	22 800
锅炉车间	15 000	2 100	17 100
汽机车间	18 000	2 520	20 520
电机车间	10 000	1 400	11 400
修理车间	8 000	1 120	9 120
合计	71 000	9 940	80 940

根据工资及福利费分配表，进行账务处理如下：

借：生产成本——工资及福利费　　80 940

　贷：应付职工薪酬——工资　　71 000

　　　　　　　——福利费　　9 940

（3）其他费用分配。

①本月应付水费28 600元。其中，生产用水费27 000元，各车间公共用水费1 600元。根据相关凭证，进行账务处理如下：

借：生产成本——生产用水费　　27 000
　　　　　　——其他费用（水费）　　1 600
　贷：应付账款　　28 600

②根据固定资产折旧计算表（略），各车间本月计提折旧费53 000元。根据相关凭证，进行账务处理如下：

借：生产成本——折旧费　　53 000
　贷：累计折旧　　53 000

③按规定比率提取本月修理费用35 000元。根据相关凭证，进行账务处理如下：

借：生产成本——修理费　　35 000
　贷：其他应付款　　35 000

④结转应由本月生产负担的低值易耗品摊销额2 200元（低值易耗品分期摊销），进行账务处理如下：

借：生产成本——其他费用（低值易耗品摊销）　　2 200
　贷：其他应付款　　2 200

⑤结转应由本月生产负担的车间财产保险费3 100元，进行账务处理如下：

借：生产成本——其他费用（保险费）　　3 100
　贷：其他应付款　　3 100

（4）根据上述账务处理，登记按成本项目设置专栏的“生产成本明细账”，见表5-4。

表5-4　生产成本明细账

2023年8月　　单位：元

摘要	燃料费	生产用水费	材料费	工资及福利费	折旧费	修理费	其他费用	合计
分配燃料费	380 000	—	—	—	—	—	—	380 000
分配材料费	—	—	40 200	—	—	—	—	40 200
分配工资及福利费	—	—	—	80 940	—	—	—	80 940
分配水费	—	27 000	—	—	—	—	1 600	28 600
分配折旧费	—	—	—	—	53 000	—	—	53 000
分配修理费	—	—	—	—	—	35 000	—	35 000
分摊低值易耗品	—	—	—	—	—	—	2 200	2 200
分配保险费	—	—	—	—	—	—	3 100	3 100
本月合计	380 000	27 000	40 200	80 940	53 000	35 000	6 900	623 040
本月转出	380 000	27 000	40 200	80 940	53 000	35 000	6 900	623 040

3.编制产品成本计算单

根据“生产成本明细账”和电力产量统计资料，编制电力产品成本计算单，见表5-5。在电力产品成本计算单中，生产量扣除该企业用电量即为该企业供电量；电力成本除以该企业供电量，即为电力单位成本。由于燃料成本占电力成本比重较大，从重要性原则出发，还要突出反映燃料单位成本，以便加强对燃料成本的分析和考核。

表5-5 电力产品成本计算单

2023年8月 金额单位：元

成本项目	生产量（千度）	总成本	单位成本
燃料费	—	380 000	107.0
生产用水费	—	27 000	—
材料费	—	40 200	—
工资及福利费	—	80 940	—
折旧费	—	53 000	—
修理费	—	35 000	—
其他费用	—	6 900	—
合计	—	623 040	—
生产量	3 900	—	—
其中：该企业用电量	350	—	—
该企业供电量	3 550	—	—
产品单位成本	—	—	175.5

根据“生产成本明细账”结转本月电力成本，进行账务处理如下：

借：主营业务成本 623 040

贷：生产成本 623 040

二、典型品种法举例

（一）企业概况

某企业设有一个基本生产车间和供电、机修两个辅助生产车间，大量生产甲、乙两种产品。甲、乙两种产品均属于单步骤生产，根据生产特点和管理要求，该企业对这两种产品采用品种法计算产品成本。该企业设置“生产成本”总账科目，下设“基本生产成本”和“辅助生产成本”两个明细科目。其中，“基本生产成本”明细科目按甲、乙产品设置产品成本计算单，“辅助生产成本”明细科目分设供电车间和机修车间明细账。供电车间和机修车间由于提供产品或服务单一，发生的间接费用直接记入“辅助生产成本明细账”。该企业各产品成本计算单下设置“直接材料”“直接人工”“制造费用”三个成本项目。

2023年9月，该企业有关成本计算资料如下：

1.月初在产品成本

甲、乙两种产品月初在产品成本见表5-6。

表5-6　甲、乙产品月初在产品成本资料

2023年9月　单位：元

摘要	直接材料	直接人工	制造费用	合计
甲产品月初在产品成本	164 000	32 470	3 675	200 145
乙产品月初在产品成本	123 740	16 400	3 350	143 490

2.本月生产数量

甲产品本月完工产品500件，月末在产品100件，实际生产工时100 000小时；乙产品本月完工产品200件，月末在产品40件，实际生产工时50 000小时。甲、乙两种产品耗用的原材料都在生产开始时一次投入，加工费用发生比较均衡，月末在产品完工程度均为50%。

3.本月发生生产费用

（1）本月发出材料汇总情况见表5-7。

表5-7　发出材料汇总表

2023年9月　单位：元

领料部门和用途	材料类别			合计
	原材料	包装物	低值易耗品	
基本生产车间耗用	—	—	—	—
甲产品耗用	800 000	10 000	—	810 000
乙产品耗用	600 000	4 000	—	604 000
甲、乙产品共同耗用	28 000	—	—	28 000
车间一般耗用	2 000	—	100	2 100
辅助生产车间耗用	—	—	—	—
供电车间耗用	1 000	—	—	1 000
机修车间耗用	1 200	—	—	1 200
管理部门耗用	1 200	—	400	1 600
合计	1 433 400	14 000	500	1 447 900

注：生产甲、乙两种产品共同耗用的材料按甲、乙两种产品直接耗用原材料比例进行分配。

（2）本月工资结算汇总及职工福利费计算情况（简化格式）见表5-8。

表5-8 应付职工薪酬汇总表

2023年9月 单位：元

人员类别	应付工资总额	应计提福利费	合计
基本生产车间	—	—	—
产品生产工人	420 000	58 800	478 800
车间管理人员	20 000	2 800	22 800
辅助生产车间	—	—	—
供电车间	8 000	1 120	9 120
机修车间	7 000	980	7 980
管理人员	40 000	5 600	45 600
合计	495 000	69 300	564 300

（3）本月以现金支付的费用为2 500元。其中，基本生产车间负担办公费250元、市内交通费65元；供电车间负担市内交通费145元；机修车间负担外部加工费480元；管理部门负担办公费1 360元、材料市内运输费200元。

（4）本月以银行存款支付的费用为14 700元。其中，基本生产车间负担办公费1 000元、水费2 000元、差旅费1 400元、设计制图费2 600元；供电车间负担水费500元、外部修理费1 800元；机修车间负担办公费400元；管理部门负担办公费3 000元、水费1 200元、招待费200元、电话费600元。

（5）本月应计提固定资产折旧费22 000元。其中，基本生产车间折旧10 000元，供电车间折旧2 000元，机修车间折旧4 000元，管理部门折旧6 000元。

（6）根据“长期待摊费用”账户的记录，本月应分摊长期待摊费用3 195元。其中，供电车间负担800元，机修车间负担600元，基本生产车间负担1 195元，管理部门负担600元。

（二）成本核算程序

1.设置有关成本费用明细账和产品成本计算单

按品种设置“基本生产成本明细账”（格式见表5-15、表5-16）和产品成本计算单（格式见表5-25、表5-26），按车间设置“辅助生产成本明细账”（格式见表5-17、表5-18）和“制造费用明细账”（格式见表5-19），其他与成本计算无关的费用明细账，如管理费用明细账等略。

2.要素费用分配

根据各项生产费用发生的原始凭证和其他有关资料，编制各项要素费用分配表，分配各项要素费用。

（1）分配材料费用。如前所述，生产甲、乙两种产品共同耗用材料按甲、乙两种产品直接耗用原材料比例分配，分配结果见表5-9和表5-10。

表5-9　甲、乙产品共同耗用材料分配表

2023年9月　金额单位：元

产品名称	直接耗用原材料	分配率	分配共耗材料
甲产品	800 000	—	16 000
乙产品	600 000	—	12 000
合计	1 400 000	0.02	28 000

表5-10　材料费用分配表

2023年9月　单位：元

项目	明细项目	原材料	包装物	低值易耗品	合计
生产成本——基本生产成本	甲产品	816 000	10 000	—	826 000
	乙产品	612 000	4 000	—	616 000
	小计	1 428 000	14 000	—	1 442 000
生产成本——辅助生产成本	供电车间	1 000	—	—	1 000
	机修车间	1 200	—	—	1 200
	小计	2 200	—	—	2 200
制造费用	基本生产车间	2 000	—	100	2 100
管理费用	修理费	1 200	—	400	1 600
合计	—	1 433 400	14 000	500	1 447 900

根据表5-10（材料费用分配表），发出材料的账务处理为：

借：生产成本——基本生产成本（甲产品）　826 000
　　　　　——基本生产成本（乙产品）　616 000
　　　　　——辅助生产成本（供电车间）　1 000
　　　　　——辅助生产成本（机修车间）　1 200
　　制造费用——基本生产车间　2 100
　　管理费用——修理费　1 600
　贷：原材料　1 433 400
　　　周转材料——包装物　14 000
　　　　　　——低值易耗品　500

（2）分配应付职工薪酬。甲、乙两种产品应分配工资及福利费按甲、乙两种产品实际生产工时比例分配，分配结果见表5-11。

表5-11

应付职工薪酬分配表

2023年9月　　　　金额单位：元

分配对象			工资		福利费	
项目	明细项目	分配标准	分配率	分配额	分配率	分配额
生产成本——基本生产成本	甲产品	100 000	—	280 000	—	39 200
	乙产品	50 000	—	140 000	—	19 600
	小计	150 000	2.8	420 000	0.392	58 800
生产成本——辅助生产成本	供电车间	—	—	8 000	—	1 120
	机修车间	—	—	7 000	—	980
	小计	—	—	15 000	—	2 100
制造费用	基本生产车间	—	—	20 000	—	2 800
管理费用	工资及福利费	—	—	40 000	—	5 600
合计	—	—	—	495 000	—	69 300

根据表5-11（应付职工薪酬分配表），分配工资及福利费的账务处理为：

借：生产成本——基本生产成本（甲产品）　280 000
　　　　　——基本生产成本（乙产品）　140 000
　　　　　——辅助生产成本（供电车间）　8 000
　　　　　——辅助生产成本（机修车间）　7 000
　　制造费用——基本生产车间　20 000
　　管理费用——工资　40 000
　贷：应付职工薪酬——工资　495 000

借：生产成本——基本生产成本（甲产品）　39 200
　　　　　——基本生产成本（乙产品）　19 600
　　　　　——辅助生产成本（供电车间）　1 120
　　　　　——辅助生产成本（机修车间）　980
　　制造费用——基本生产车间　2 800
　　管理费用——福利费　5 600
　贷：应付职工薪酬——福利费　69 300

（3）计提固定资产折旧费用及摊销长期待摊费用，分配结果见表5-12和表5-13。

表5-12

固定资产折旧费用计算表

2023年9月　　　　单位：元

项目	明细项目	费用项目	分配金额
制造费用	基本生产车间	折旧费	10 000
生产成本——辅助生产成本	供电车间	折旧费	2 000
	机修车间	折旧费	4 000
管理费用	—	折旧费	6 000
合计	—	—	22 000

表5-13　**长期待摊费用分配表**

2023年9月　单位：元

项目	明细项目	费用项目	分配金额
制造费用	基本生产车间	装修费	1 195
生产成本——辅助生产成本	供电车间	装修费	800
	机修车间	装修费	600
管理费用	—	装修费	600
合计	—	—	3 195

根据表5-12（固定资产折旧费用计算表），计提折旧费的账务处理为：

借：制造费用——基本生产车间　10 000
　　生产成本——辅助生产成本（供电车间）　2 000
　　　　　　——辅助生产成本（机修车间）　4 000
　　管理费用——折旧费　6 000
　贷：累计折旧　22 000

根据表5-13（长期待摊费用分配表），摊销长期待摊费用的账务处理为：

借：制造费用——基本生产车间　1 195
　　生产成本——辅助生产成本（供电车间）　800
　　　　　　——辅助生产成本（机修车间）　600
　　管理费用——装修费　600
　贷：长期待摊费用　3 195

（4）分配本月现金和银行存款支付费用，分配结果见表5-14。

表5-14　**其他费用分配表**

2023年9月　单位：元

项目	明细项目	现金支付	银行存款支付	合计
制造费用	基本生产车间	315	7 000	7 315
生产成本——辅助生产成本	供电车间	145	2 300	2 445
	机修车间	480	400	880
管理费用	办公费	1 560	5 000	6 560
合计	—	2 500	14 700	17 200

根据表5-14（其他费用分配表），其他费用分配的账务处理为：

借：制造费用——基本生产车间　7 315
　　生产成本——辅助生产成本（供电车间）　2 445
　　　　　　——辅助生产成本（机修车间）　880
　　管理费用——办公费　6 560

贷：库存现金　　2 500
　　银行存款　　14 700

（5）根据各项要素费用分配表及相应的账务处理，登记“基本生产成本明细账”（见表5-15、表5-16）、“辅助生产成本明细账”（见表5-17、表5-18）和“制造费用明细账”（见表5-19）。

表5-15　　基本生产成本明细账（一）

产品名称：甲产品　　单位：元

2023年		凭证字号	摘要	直接材料	直接人工	制造费用	合计
月	日						
8	31		月末在产品成本	164 000	32 470	3 675	200 145
9	30	略	材料费用分配表	826 000	—	—	826 000
	30	略	应付职工薪酬分配表	—	319 200	—	319 200
	30	略	生产用电分配表	6 120	—	—	6 120
	30	略	制造费用分配表	—	—	37 300	37 300
	30		本月生产费用合计	832 120	319 200	37 300	1 188 620
	30		本月累计	996 120	351 670	40 975	1 388 765
	30		结转完工入库产品成本	830 100	319 700	37 250	1 187 050
	30		月末在产品成本	166 020	31 970	3 725	201 715

表5-16　　基本生产成本明细账（二）

产品名称：乙产品　　单位：元

2023年		凭证字号	摘要	直接材料	直接人工	制造费用	合计
月	日						
8	31		月末在产品成本	123 740	16 400	3 350	143 490
9	30	略	材料费用分配表	616 000	—	—	616 000
	30	略	应付职工薪酬分配表	—	159 600	—	159 600
	30	略	生产用电分配表	3 060	—	—	3 060
	30	略	制造费用分配表	—	—	18 650	18 650
	30		本月生产费用合计	619 060	159 600	18 650	797 310
	30		本月累计	742 800	176 000	22 000	940 800
	30		结转完工入库产品成本	619 000	160 000	20 000	799 000
	30		月末在产品成本	123 800	16 000	2 000	141 800

表5-17　　**辅助生产成本明细账（一）**

车间名称：供电车间　　单位：元

2023年		凭证	摘要	直接材料	直接人工	制造费用	合计
月	日	字号					
9	30	略	材料费用分配表	1 000	—	—	1 000
	30	略	应付职工薪酬分配表	—	9 120	—	9 120
	30	略	固定资产折旧费用计算表	—	—	2 000	2 000
	30	略	长期待摊费用分配表	—	—	800	800
	30	略	其他费用分配表	—	—	2 445	2 445
	30		本月合计	1 000	9 120	5 245	15 365
	30		结转各受益部门	1 000	9 120	5 245	15 365

表5-18　　**辅助生产成本明细账（二）**

车间名称：机修车间　　单位：元

2023年		凭证	摘要	直接材料	直接人工	制造费用	合计
月	日	字号					
9	30	略	材料费用分配表	1 200	—	—	1 200
	30	略	应付职工薪酬分配表	—	7 980	—	7 980
	30	略	固定资产折旧费用计算表	—	—	4 000	4 000
	30	略	长期待摊费用分配表	—	—	600	600
	30	略	其他费用分配表	—	—	880	880
	30		本月合计	1 200	7 980	5 480	14 660
	30		结转各受益部门	1 200	7 980	5 480	14 660

表5-19　　**制造费用明细账**

车间名称：基本生产车间　　单位：元

2023年		凭证	摘要	材料费用	工资及福利费	折旧费	修理费	水电费	保险费	其他费用	合计
月	日	字号									
略	略	略	材料费用分配表	2 100	—	—	—	—	—	—	2 100
9	30	略	应付职工薪酬分配表	—	22 800	—	—	—	—	—	22 800
	30	略	固定资产折旧费用计算表	—	—	10 000	—	—	—	—	10 000
	30	略	长期待摊费用分配表	—	—	—	—	—	1 195	—	1 195
	30	略	其他费用分配表	—	—	—	—	—	—	7 315	7 315
	30	略	辅助生产费用分配表	—	—	—	10 500	2 040	—	—	12 540
	30		本月合计	2 100	22 800	10 000	10 500	2 040	1 195	7 315	55 950
	30		结转制造费用	2 100	22 800	10 000	10 500	2 040	1 195	7 315	55 950

3.分配辅助生产费用

（1）根据各辅助生产车间制造费用明细账归集的制造费用总额，分别转入该车间“辅助生产成本明细账”。在本例中，供电车间和机修车间提供单一产品或服务，未单独设置制造费用明细账，车间发生的间接费用直接记入各车间“辅助生产成本明细账”。

（2）根据“辅助生产成本明细账”（见表5-17、表5-18）归集的待分配辅助生产费用和辅助生产车间本月劳务供应量，采用计划成本分配法分配辅助生产费用（见表5-20），并据以登记有关“生产成本明细账”或产品成本计算单和有关费用明细账。

本月供电车间和机修车间提供劳务量的有关资料见表5-20。

表5-20 **辅助生产费用分配表**

2023年9月 金额单位：元

受益部门	供电（计划单位成本0.34元/度）		机修（计划单位成本3.5元/小时）	
	用电度数	计划成本	机修工时	计划成本
供电车间	—	—	400	1 400
机修车间	3 000	1 020	—	—
基本生产车间	33 000	11 220	3 000	10 500
产品生产	27 000	9 180	—	—
一般耗费	6 000	2 040	3 000	10 500
厂部管理部门	10 000	3 400	1 100	3 850
合计	46 000	15 640	4 500	15 750
实际成本	—	16 765	—	15 680
成本差异	—	1 125	—	-70

注：供电车间实际成本=15 365+1 400=16 765（元）

机修车间实际成本=14 660+1 020=15 680（元）

每度电的计划成本为0.34元，每小时机修的计划成本为3.5元；成本差异全部由管理费用负担，按生产甲、乙两种产品生产工时比例分配。其中，甲产品生产工时为100 000小时，乙产品生产工时为50 000小时，分配计入产品成本计算单中“直接材料”成本项目，分配结果见表5-21。

表5-21 **生产用电分配表**

2023年9月 金额单位：元

产品	生产工时	分配率	分配金额
甲产品	100 000	—	6 120
乙产品	50 000	—	3 060
合计	150 000	0.0612	9 180

根据表5-20（辅助生产费用分配表）和表5-21（生产用电分配表），辅助生产费用分配的账务处理为：

①结转辅助生产计划成本。

借：生产成本——辅助生产成本（供电车间）　　1 400
　　　　　　——辅助生产成本（机修车间）　　1 020
　　　　　　——基本生产成本（甲产品）　　6 120
　　　　　　——基本生产成本（乙产品）　　3 060
　　制造费用——基本生产车间　　12 540
　　管理费用　　7 250
　贷：生产成本——辅助生产成本（供电车间）　　15 640
　　　　　　　——辅助生产成本（机修车间）　　15 750

②结转辅助生产成本差异。为了简化成本计算工作，成本差异全部计入管理费用。

借：管理费用　　1 055
　贷：生产成本——辅助生产成本（供电车间）　　1 125
　　　　　　　——辅助生产成本（机修车间）　　70

4.分配制造费用

根据基本生产车间制造费用明细账（见表5-19）归集的制造费用总额，编制制造费用分配表，并登记“基本生产成本明细账”和有关产品成本计算单。

在本例中，按甲、乙两种产品生产工时比例分配制造费用，分配结果见表5-22。

表5-22　**制造费用分配表**

车间名称：基本生产车间　　金额单位：元

产品	生产工时	分配率	分配金额
甲产品	100 000	—	37 300
乙产品	50 000	—	18 650
合计	150 000	0.373	55 950

根据表5-22（制造费用分配表），制造费用分配的账务处理为：

借：生产成本——基本生产成本（甲产品）　　37 300
　　　　　　——基本生产成本（乙产品）　　18 650
　贷：制造费用——基本生产车间　　55 950

5.在完工产品与在产品之间分配生产费用

根据各产品成本计算单归集的生产费用合计数和有关生产数量记录，在完工产品和月末在产品之间分配生产费用。

该企业本月甲产品完工入库500件，月末在产品100件；乙产品完工入库200件，月末在产品40件。按约当产量法分别计算甲、乙两种产品完工产品成本和月末在产品成本。月末在产品约当产量计算表见表5-23和表5-24。

表5-23 月末在产品约当产量计算表（甲产品）

产品名称：甲产品 数量单位：件

成本项目	在产品数量	投料程度（完工程度）	约当产量
直接材料	100	100%	100
直接人工	100	50%	50
制造费用	100	50%	50

表5-24 在产品约当产量计算表（乙产品）

产品名称：乙产品 数量单位：件

成本项目	在产品数量	投料程度（完工程度）	约当产量
直接材料	40	100%	40
直接人工	40	50%	20
制造费用	40	50%	20

编制成本计算单，见表5-25和表5-26。

表5-25 产品成本计算单（甲产品）

产品名称：甲产品 产成品：500件 在产品：100件 金额单位：元

摘要	直接材料	直接人工	制造费用	合计
月初在产品成本	164 000	32 470	3 675	200 145
本月发生生产费用	832 120	319 200	37 300	1 188 620
生产费用合计	996 120	351 670	40 975	1 388 765
完工产品数量	500	500	500	—
在产品约当产量	100	50	50	—
总约当产量	600	550	550	—
分配率（单位成本）	1 660.2	639.4	74.5	2 374.1
完工产品总成本	830 100	319 700	37 250	1 187 050
月末在产品成本	166 020	31 970	3 725	201 715

表5-26 产品成本计算单（乙产品）

产品名称：乙产品 产成品：200件 在产品：40件 金额单位：元

摘要	直接材料	直接人工	制造费用	合计
月初在产品成本	123 740	16 400	3 350	143 490
本月发生生产费用	619 060	159 600	18 650	797 310
生产费用合计	742 800	176 000	22 000	940 800
完工产品数量	200	200	200	—
在产品约当产量	40	20	20	—
总约当产量	240	220	220	—
分配率（单位成本）	3 095	800	100	—
完工产品总成本	619 000	160 000	20 000	799 000
月末在产品成本	123 800	16 000	2 000	141 800

6.编制完工产品成本汇总表

根据表5-25和表5-26的分配结果，编制完工产品成本汇总表，见表5-27。

表5-27　完工产品成本汇总表

2023年9月　金额单位：元

成本项目	甲产品（400件）		乙产品（160件）	
	总成本	单位成本	总成本	单位成本
直接材料	830 100	1 660.2	619 000	3 095
直接人工	319 700	639.4	160 000	800
制造费用	37 250	74.5	20 000	100
合计	1 187 050	2 374.1	799 000	3 995

根据完工产品成本汇总表或产品成本计算单及产成品入库单，结转完工入库产品的生产成本，账务处理为：

借：库存商品——甲产品　1 187 050

　　　　　　——乙产品　799 000

　贷：生产成本——基本生产成本（甲产品）　1 187 050

　　　　　　——基本生产成本（乙产品）　799 000

思政园地

弘扬民族精神，发展民族经济

中华民族是一个勤劳勇敢、富有创造力的民族。中国人民在长期创造物质财富的过程中，深深感到要达到预期的目标和获得幸福，就必须艰苦奋斗、吃苦耐劳、勤俭节约、奋发图强、坚韧刚毅、勇于开拓。中华民族虽曾有过盛衰起落，但从未中断文明发展，表现出无与伦比的生命力和延续性。在四大文明古国中，埃及、印度和巴比伦的文明皆已先后暗淡，不复独成一体；而中国文明虽历经沧桑、饱受磨难，却一直延续下来，并且发扬光大，成为世界文明史上的一个奇迹。

即测即评

第五章单项选择题　第五章多项选择题　第五章判断题

业务题

1.某企业生产甲产品，采用品种法计算产品成本。2023年3月初，在产品直接材料成本30万元，直接人工成本8万元，制造费用2万元。3月份发生直接材料成本75万元、直接人工成本20万元、制造费用6万元。3月末甲产品完工50件，在产品为100件。月末计算完工产品成本时，直接材料成本按完工产品与在产品数量比例分配，直接人工成本和制造费用按照定额工时比例分配。单位产成品工时定额为20小时，单位在产品工时定额为10小时。

要求：(1) 计算甲完工产品应负担的直接材料成本。

(2) 计算甲完工产品应负担的直接人工成本。

(3) 计算甲完工产品应负担的制造费用。

(4) 计算甲完工产品总成本，并进行完工产品入库的账务处理。

2.某企业生产A、B两种产品，采用品种法计算产品成本，制造费用按产品生产工时比例分配，生产费用采用约当产量法在完工产品与月末在产品之间分配，原材料在生产开始时一次投入，其他加工费用发生较为均衡，期末在产品完工程度平均按50%计算。

该企业2023年8月A、B产品的成本费用资料如下：

(1) 月初A在产品220件，直接材料为220 000元，直接人工为18 000元，制造费用为26 000元；B在产品100件，直接材料为100 000元，直接人工为8 100元，制造费用为11 200元。

(2) 当月投入生产A产品780件，当月完工产品为840件，月末在产品为160件；投入生产B产品400件，当月完工产品为420件，月末在产品为80件。当月生产A产品生产工时为30 000小时，生产B产品生产工时为20 000小时。

(3) 当月生产A、B产品发生有关成本费用资料如下：

①当月仓库发出材料汇总表见表5-28。

表5-28 发出材料汇总表

2023年8月

单位：元

耗用部门及用途	金额
生产A产品	740 000
生产B产品	360 000
车间机物料耗用	3 000
行政管理部门	5 000
合计	1 108 000

②当月职工薪酬分配表见表5-29。

表5-29 职工薪酬分配表

2023年8月

单位：元

部门及用途	金额
生产A产品	147 600
生产B产品	100 000
车间管理人员	50 000
行政管理部门	80 000
专设销售机构人员	40 000
合计	417 600

③计当月固定资产折旧费85 000元。其中，生产用固定资产折旧费55 000元，行

政管理用固定资产折旧费30 000元。

④以银行存款支付当月车间生产工人劳保用品费2 000元。

⑤计算分配结转当月制造费用。

⑥结转当月完工产品成本。

要求：（1）根据资料（3）中①至⑥业务进行相应账务处理。

（2）根据上述资料分别填制A、B产品成本计算单，见表5-30和表5-31。

表5-30

A产品成本计算单

2023年8月

金额单位：元

月	日	摘要	产量（件）	直接材料	直接人工	制造费用	合计
8	1	期初在产品成本	220	220 000	18 000	26 000	264 000
	31	本月生产费用	780				
	31	生产费用累计	1 000				
	31	完工产品成本	840				
	31	月末在产品成本	160				

表5-31

B产品成本计算单

2023年8月

金额单位：元

月	日	摘要	产量（件）	直接材料	直接人工	制造费用	合计
8	1	期初在产品成本	100	100 000	8 100	11 200	119 300
	31	本月生产费用	400				
	31	生产费用累计	500				
	31	完工产品成本	420				
	31	月末在产品成本	80				

第五章业务题参考答案

第六章　产品成本计算的分批法

【学习目标与要求】

通过本章学习，理解分批法的概念及特点，掌握分批法的适用范围及分批法成本计算程序，能够熟练运用分批法计算产品成本。

【价值塑造目标】

通过对分批法概念和计算方法的学习，培养认真严谨的工作态度，并在此基础上培养正确的人生观和价值观。

【思政案例】

分批法助力供给侧结构性改革

结合中国经济发展现状，2015年12月，中央经济工作会议提出了推进供给侧结构性改革的战略方针，强调在适度扩大总需求的同时，着力加强供给侧结构性改革，提高供给体系质量和效率，使供给体系更加适应需求结构变化，进而增强经济持续增长动力。供给侧结构性改革要打响四大“歼灭战”，分别是化解产能过剩、降低企业成本、化解房地产库存和防范金融风险。其中，降低企业成本的方法有很多，提供客观准确、及时有用的成本信息至关重要。如何提供客观准确、及时有用的成本信息呢？成本核算方法的选择是首要问题。

供给侧结构性改革要满足人民对产品、服务的个性化需求，传统的大批量产品生产方式、单一不变的服务提供模式已经不能满足消费者的需求，取而代之的是小批量甚至单件产品生产模式以及灵活多样的服务提供模式。简单来说，就是按需定销、按销定产。这就要求企业在选择成本核算对象时灵活机动，生产产品、提供服务若发生了变化，成本核算对象就要随之变动。也就是说，作为成本核算对象的“产品批次”“服务批次”不能一成不变，要根据实际情况适时而变。在分批法下，成本核算对象正是按照上述要求确定的，其依据是企业与客户签订的产品订单以及根据客户特殊要求而调整的订单，这与供给侧结构性改革的要求不谋而合。

专业分析　在分批法下，生产（计划）部门根据客户的订单，按照企业的生产能力，将订单中的产品及数量进行整合并划分“产品批次”，同时针对每批产品下达“生产任务通知单”。一份“生产任务通知单”就代表一批产品，成本核算就以此为对象。分批法可以根据生产任务灵活地选择成本核算对象，按照生产周期核算产品成本，所提供的成本信息更具客观性，符合供给侧结构性改革对成本核算的要求。

思政分析　分批法的运用使成本核算更加科学严谨，使成本信息更加客观准确、及时有用，从而提高了企业成本管理效率，有效地降低了企业成本。

第一节　分批法概述

一、分批法含义

分批法是指以产品的批别作为产品成本核算对象，通过归集和分配生产费用来计算产品成本的一种方法。这种方法主要适用于单件、小批生产的企业，如造船业、重型机器制造业、精密仪器制造业等，也可用于一般企业中的新产品试制或试验的生产、在建工程以及设备修理作业等。

二、分批法特点

分批法在具体运用中主要有以下三个特点：

（1）成本核算对象是产品的批别。由于产品批别大多是根据销货订单确定的，因此，这种方法又称为订单法。成本核算对象是购买者事先订货或企业规定的产品批别。

在企业中，产品批别的组织是由生产（计划）部门负责的，生产（计划）部门依据购买者的订单签发一式多份“生产任务通知单”，供应部门据以备料，生产部门据以安排生产，财务部门据以设置产品成本计算单。对于某批产品直接发生的费用，应根据原始凭证或费用分配表，直接计入该批产品成本计算单的有关项目；对于不能按批别划分的间接费用，应先按费用发生地点加以归集，期末再在各受益对象之间进行分配。

（2）产品成本计算是与“生产任务通知单”的签发和结束紧密配合的，因此产品成本计算是不定期的。成本计算期与产品生产周期基本一致，但与财务报告期不一致。

采用分批法计算产品成本的企业，各批产品成本计算单虽然仍按月归集费用，但只有在该批次或订单产品全部完工时，才能计算实际成本。

当某一批次产品完工后，各基本生产车间应及时进行盘点，盘点出来的该批次在产品及剩余材料应办理退库手续并相应冲减该批次产品成本。如果某批次产品尚未完工，则不计算其成本。

（3）由于成本计算期与产品生产周期基本一致，因此在计算期（月）末在产品成本时，一般没有在完工产品和在产品之间分配费用的问题。在特定情况下，也需要在完工产品和在产品之间采用适当的方法分配费用。

三、分批法成本计算程序

企业使用分批法时，应当区分单件生产、小批生产及批内产品跨期（月）陆续完工三种情况进行成本计算。

（1）若为单件生产，产品完工以前，产品成本明细账所记录的生产费用都是在产品成本；产品完工时，产品成本明细账所记录的生产费用就是完工产品成本，因而在期（月）末计算成本时，没有在完工产品与在产品之间分配费用的问题。

（2）若为小批生产，批内产品一般同时完工。在期末计算成本时，或是全部已经完工，或是全部没有完工，因而一般也没有在完工产品与在产品之间分配费用的问题。若出现同一期（月）同一产品有不同时点投入生产的批次，在分配成本时，需要采用简化分批法来进行。

（3）如果批内产品跨期（月）陆续完工，就要在完工产品与在产品之间分配费用，具体可以采取简化方法来处理。如按计划单位成本、定额单位成本、最近一期（月）相同产品的实际单位成本计算完工产品成本；从产品成本明细账中转出完工产品成本后，各项费用余额之和即为在产品成本。

四、简化分批法

在小批、单件生产企业或车间中，同一期（月）内投产的产品批次往往很多，有的多达几十批，甚至上百批。在这种情况下，各种间接计入的费用在各批产品之间按期（月）进行分配的工作极为繁重，可采用简化分批法，即不分批计算在产品成本分批法，这种方法也叫累计间接费用分配法。采用这种方法时，仍应按产品批别设立产品成本明细账，但在各批产品完工前，账内只按期（月）登记直接计入的费用（如直接材料）和生产工时，只有在有完工产品的各期（月）才分配间接计入的费用，计算、登记各批完工产品成本。

简化分批法的主要特点如下：

（1）每期（月）发生的各项间接计入费用不是按期（月）在各批产品之间进行分配，而是将其分别累计后，在产品完工时按照完工产品累计生产工时的比例，在各批完工产品之间进行分配。间接费用分配的计算公式为：

$$\text{全部产品某项累计间接费用分配率}=\text{全部产品该项累计间接费用}\div\left(\text{完工产品累计生产工时}+\text{在产品累计生产工时}\right)$$

$$\text{某批完工产品应负担某项间接费用}=\text{该批完工产品累计生产工时}\times\text{全部产品该项累计间接费用分配率}$$

（2）必须设立基本生产成本二级账，按成本项目登记全部产品的期（月）初在产品费用、本期（月）生产费用、累计生产费用、期（月）初在产品生产工时、本期（月）生产工时和累计生产工时，以按期（月）提供全部产品累计生产费用和累计生产工时资料，据此计算全部产品累计间接费用分配率。

可以看出，在简化分批法下，各批产品之间分配间接费用以及完工产品与期（月）末在产品之间分配费用，是利用累计间接费用分配率，到产品完工时合并在一起进行的。也就是说，各项间接费用累计分配率既是在各批完工产品之间分配该费用的依据，也是在完工批别与期（月）末在产品批别之间，以及某批产品的完工产品与期（月）末在产品之间分配该费用的依据。该方法在各期（月）间接费用水平相差悬殊的情况下不宜采用，在期（月）末未完工产品批次不多的情况下也不宜采用，否则会影响计算的正确性。

微课6-1

分批法概述

第二节　分批法举例

本节以小批生产企业为例，说明产品成本计算的分批法及简化分批法的应用。

一、产品成本计算的分批法举例

【例6-1】东方企业按照购货者的要求，小批生产甲、乙产品，采用分批法计算产品成本。该企业2023年9月份投产甲产品50件，批号为901，10月份全部完工；10月份投产乙产品40件，批号为1001，当月完工30件，并已交货，还有10件尚未完工，原材料为生产开始时一次投入。901批和1001批产品成本计算单见表6-1、表6-2。各种费用的归集和分配过程略。

表6-1　　产品成本计算单（901）

批号：901　　产品名称：甲产品　　开工日期：9月15日

委托单位：××企业　　批量：50件　　完工日期：10月15日　　单位：元

项目	直接材料	直接人工	制造费用	合计
9月末余额	54 000	4 050	15 300	73 350
10月份发生费用：	—	—	—	—
据材料费用分配表	20 700	—	—	20 700
据工资费用分配表	—	7 650	—	7 650
据制造费用分配表	—	—	36 000	36 000
合计	74 700	11 700	51 300	137 700
结转产成品（50件）成本	74 700	11 700	51 300	137 700
单位成本	1 494	234	1 026	2 754

表6-2 **产品成本计算单（1001）**

批号：1001 产品名称：乙产品 开工日期：10月1日

委托单位：××企业 批量：40件 单位：元

项目	直接材料	直接人工	制造费用	合计
10月份发生费用：	—	—	—	—
据材料费用分配表	360 000	—	—	360 000
据工资费用分配表	—	35 000	—	35 000
据制造费用分配表	—	—	91 000	91 000
合计	360 000	35 000	91 000	486 000
结转产成品（30件）成本	270 000	30 000	78 000	378 000
单位成本	9 000	1 000	2 600	12 600
月末在产品成本	90 000	5 000	13 000	108 000

在本例中，901批产品10月份全部完工，所以10月初在产品生产费用和10月份发生的产品生产费用合计为10月份完工产品总成本。1001批产品10月末部分完工，应采用适当的方法将产品生产费用在完工产品和在产品之间进行分配。本例由于材料在生产开始时一次投入，所以材料费用按完工产品和在产品实际数量比例进行分配，其他费用则采用约当产量法进行分配。

1.材料费用按完工产品和在产品数量比例进行分配

完工产品应负担材料费用=360 000÷（30+10）×30=270 000（元）

在产品应负担材料费用=360 000÷（30+10）×10=90 000（元）

2.其他生产费用按约当产量比例进行分配

（1）计算1001批在产品约当产量，见表6-3。

表6-3 **乙产品约当产量计算表**

工序	完工程度	在产品（件）		完工产品（件）	产量合计（件）
—	①	②	③=①×②	④	⑤=③+④
1	15%	2	0.3	—	—
2	25%	2	0.5	—	—
3	70%	6	4.2	—	—
合计	—	10	5	30	35

（2）直接人工采用约当产量法分配如下：

完工产品应负担直接人工=35 000÷（30+5）×30=30 000（元）

在产品应负担直接人工=35 000÷（30+5）×5=5 000（元）

（3）制造费用采用约当产量法分配如下：

完工产品应负担制造费用=91 000÷（30+5）×30=78 000（元）

在产品应负担制造费用=91 000÷（30+5）×5 =13 000（元）

将各项费用分配结果填入1001批乙产品成本计算单（见表6-2），即可计算出乙产品的产品成本和月末在产品成本。

二、产品成本计算的简化分批法举例

【例6-2】东方企业小批生产多种产品，由于产品批次多，为了简化成本计算，采用简化分批法（累计间接费用分配法）计算成本。该企业2023年5月生产产品批号如下：

A01号：甲产品10件，3月投产，本月完工；

B01号：甲产品15件，4月投产，本月尚未完工；

C01号：乙产品10件，4月投产，本月完工；

D01号：丙产品5件，5月投产，本月尚未完工。

该企业设立的生产成本——基本生产成本二级账见表6-4。

表6-4　　生产成本——基本生产成本二级账

2023年5月　　金额单位：元

月	日	摘要	直接材料	生产工时	直接人工	制造费用	合计
4	30	余额	12 000	4 000	8 720	9 560	30 280
5	31	本月发生	8 500	3 000	8 780	11 440	28 720
	31	累计	20 500	7 000	17 500	21 000	59 000
	31	累计分配率	—	—	2.5	3	—
	31	完工转出	13 500	4 700	11 750	14 100	39 350
	31	余额	7 000	2 300	5 750	6 900	19 650

直接人工累计分配率=17 500÷7 000=2.5

制造费用累计分配率=21 000÷7 000=3

本月完工转出直接材料 = 4 500（见A01号成本计算单中数据）+ 9 000（见C01号成本计算单中数据）

=13 500（元）

本月完工转出生产工时 = 2 200（见A01号成本计算单中数据）+ 2 500（见C01号成本计算单中数据）

=4 700（小时）

本月完工转出直接人工=4 700（本月完工转出生产工时）×2.5（直接人工累计分配率）

=11 750（元）

本月完工转出制造费用=4 700×3=14 100（元）

该企业设立的各批产品成本计算单见表6-5、表6-6、表6-7和表6-8。

表6-5　　产品成本计算单（A01）

产品批号：A01　　购货单位：×××企业　　产品名称：甲产品

投产日期：3月　　批量：10件　　完工日期：5月　　金额单位：元

月	日	摘要	直接材料	生产工时	直接人工	制造费用	合计
3	31	本月发生	1 000	700	—	—	—
4	30	本月发生	3 000	1 000	—	—	—
5	31	本月发生	500	500	—	—	—
	31	累计数及累计分配率	4 500	2 200	2.5	3	—
	31	本月完工产品转出	4 500	2 200	5 500	6 600	16 600
	31	完工产品单位成本	450	—	550	660	1 660

A01号甲产品直接人工=2 200（A01号累计生产工时）×2.5（直接人工累计分配率）

=5 500（元）

A01号甲产品制造费用=2 200×3=6 600（元）

A01号甲产品总成本=4 500+5 500+6 600=16 600（元）

表6-6　　产品成本计算单（B01）

产品批号：B01　　购货单位：×××企业　　产品名称：甲产品

投产日期：4月　　批量：15件　　完工日期：5月未完工　　单位：元

月	日	摘要	直接材料	生产工时	直接人工	制造费用	合计
4	30	本月发生	3 000	800	—	—	—
5	31	本月发生	2 000	1 000	—	—	—

B01号甲产品本月尚未完工，因此，其产品成本计算单中只登记4、5月生产该批产品所发生的直接成本（直接材料）和生产工时。

表6-7　　产品成本计算单（C01）

产品批号：C01　　购货单位：×××企业　　产品名称：乙产品

投产日期：4月　　批量：10件　　完工日期：5月　　金额单位：元

月	日	摘要	直接材料	生产工时	直接人工	制造费用	合计
4	30	本月发生	5 000	1 500	—	—	—
5	31	本月发生	4 000	1 000	—	—	—
	31	累计数及累计分配率	9 000	2 500	2.5	3	—
	31	本月完工产品转出	9 000	2 500	6 250	7 500	22 750
	31	完工产品单位成本	900	—	625	750	2 275

C01号乙产品直接人工=2 500（C01号累计生产工时）×2.5（直接人工累计分配率）=6 250（元）

C01号乙产品制造费用=2 500×3=7 500（元）

C01号乙产品总成本=9 000+6 250+7 500=22 750（元）

表6-8　产品成本计算单（D01）

产品批号：D01　购货单位：×××企业　产品名称：丙产品

投产日期：5月　批量：5件　完工日期：5月未完工　单位：元

月	日	摘要	直接材料	生产工时	直接人工	制造费用	合计
5	31	本月发生	2 000	500	—	—	—

D01号丙产品本月尚未完工，因此，其产品成本计算单中只登记5月份生产该批产品所发生的直接成本（直接材料）和生产工时。

思政园地

勤于思考、善于分析，提高成本核算效率

随着我国社会主义市场经济体制不断完善，一大批新兴产业和小微企业蓬勃发展起来。这些产业和企业的发展仍面临资金来源不足、产业链不完善等多重问题，其成本控制显得尤为重要。

针对新兴产业和小微企业单件、小批生产模式，采用分批法能在一定程度上解决成本控制问题。采用分批法，可以在较短的时间内核算生产成本，确定当期损益。核算周期缩短，提高了成本核算效率，使企业资金周转速度加快，进而能提升企业的竞争力和管理水平。

即测即评

第六章单项选择题　第六章多项选择题　第六章判断题

业务题

1.某企业集团设有一小批生产的小型工厂，为一个基本生产车间，按“生产任务通知单”组织生产。2023年7月继续对701、702批号甲产品进行加工，703批号乙产品7月投产。有关资料如下：

（1）本月各批号产品生产资料情况见表6-9。

表6-9　各批号产品生产资料情况

产品批号	产品名称	投产日期	批量（台）	本月完工情况
701	甲产品	5月	4	本月全部完工
702	甲产品	6月	10	本月完工6台
703	乙产品	7月	8	本月完工2台

（2）本月生产费用资料见表6-10和表6-11。

表6-10　　各批号产品月初在产品费用资料　　单位：元

产品批号	直接材料	燃料及动力	直接人工	制造费用	合计
701	6 560	7 200	3 640	1 780	19 180
702	12 860	10 280	5 870	3 890	32 900

表6-11　　各种费用分配表汇总的各批号产品本月生产费用　　单位：元

产品批号	直接材料	燃料及动力	直接人工	制造费用	合计
701	—	3 150	2 980	970	7 100
702	—	3 820	6 120	2 730	12 670
703	9 360	8 180	5 740	3 010	26 290

（3）在完工产品与在产品之间分配生产费用的方法：

702批号甲产品本月完工产品数量较大。原材料是在生产开始时一次投入的，其原材料费用按照完工产品与在产品的数量比例分配。其他费用采用约当产量法分配，在产品完工程度为60%。

703批号乙产品本月完工产品为2台。为了简化计算，完工产品按定额成本转出，每台定额成本为：直接材料1 160元，燃料及动力920元，直接人工612元，制造费用328元，合计3 020元。

要求：根据上述资料，计算完工产品成本，登记各批号产品基本生产成本明细账，见表6-12、表6-13和表6-14。

表6-12　　基本生产成本明细账（701）

产品批号：701　　投产日期：2023年5月　　产品名称：甲产品

批量：4台　　完工日期：2023年7月　　单位：元

项目	直接材料	燃料及动力	直接人工	制造费用	合计
月初在产品成本					
本月发生费用	—				
合计					
完工产品成本					
单位成本					

表 6-13　　基本生产成本明细账（702）

产品批号：702　　投产日期：2023 年 6 月　　产品名称：甲产品

批量：10 台　　完工日期：2023 年 8 月（完工 6 台）　　单位：元

项目	直接材料	燃料及动力	直接人工	制造费用	合计
月初在产品成本					
本月发生费用	—				
合计					
完工产品成本					
单位成本					
月末在产品成本					

表 6-14　　基本生产成本明细账（703）

产品批号：703　　投产日期：2023 年 7 月　　产品名称：乙产品

批量：8 台　　完工日期：2023 年 8 月（完工 2 台）　　单位：元

项目	直接材料	燃料及动力	直接人工	制造费用	合计
本月发生费用					
单位定额成本					
完工产品定额成本					
在产品成本					

2. 某企业小批生产多种产品且产品批次多，采用简化分批法计算产品成本。该企业 2023 年 9 月各批号产品生产情况为：

9010 号：甲产品 6 件，7 月投产，本月完工。

9011 号：甲产品 8 件，8 月投产，本月全部尚未完工。

9041 号：乙产品 12 件，8 月投产，本月完工 2 件，原材料在生产开始时一次投入（完工产品耗用工时为 10 460 小时）。

9061 号：丙产品 4 件，9 月投产，本月全部尚未完工。

要求：采用简化分批法计算产品成本并填写表 6-15、表 6-16、表 6-18、表 6-20 和表 6-21，表 6-17 和表 6-19 不用填写。直接材料按照产品产量分配，直接人工与制造费用采用生产工时作为分配标准。

表 6-15　　基本生产成本二级账　　金额单位：元

项目	直接材料	生产工时	直接人工	制造费用	成本合计
月初在产品成本	30 120	62 000	23 850	36 060	90 030
本月发生费用	24 100	101 500	41 550	45 690	111 340
合计	54 220	163 500	65 400	81 750	201 370
全部产品累计间接计入费用分配率	—	—			—

表 6-16　　基本生产成本明细账（9010）

产品批号：9010　　投产日期：2023年7月　　产品名称：甲产品

批量：6件　　完工日期：2023年9月　　金额单位：元

项目	直接材料	生产工时	直接人工	制造费用	成本合计
月初在产品成本	6 930	300	—	—	—
本月发生费用	1 210	16 700	—	—	—
合计	8 140	31 000	—	—	—
累计费用分配率	—	—			—
完工产品成本		—			
单位成本		—			

表 6-17　　基本生产成本明细账（9011）

产品批号：9011　　投产日期：2023年8月　　产品名称：甲产品

批量：8件　　完工日期：9月未完工　　单位：元

项目	直接材料	生产工时	直接人工	制造费用	成本合计
月初在产品成本	9 840	19 070	—	—	—
本月发生费用	2 980	42 080	—	—	—

表 6-18　　基本生产成本明细账（9041）

产品批号：9041　　投产日期：2023年8月　　产品名称：乙产品

批量：12件　　完工日期：2023年9月（完工2件）　　金额单位：元

项目	直接材料	生产工时	直接人工	制造费用	成本合计
月初在产品成本	13 350	28 630	—	—	—
本月发生费用	—	140	—	—	—
合计	13 350	42 770	—	—	—
累计费用分配率		—			—
完工产品成本					
单位成本		—			
月末在产品成本			—	—	—

表 6-19　　基本生产成本明细账（9061）

产品批号：9061　　投产日期：2023 年 9 月　　产品名称：丙产品

批量：4 件　　完工日期：9 月未完工　　单位：元

项目	直接材料	生产工时	直接人工	制造费用	成本合计
本月发生生产费用	19 910	28 580	—	—	—

表 6-20　　完工产品成本汇总表

2023 年 9 月　　金额单位：元

批号	产量（件）	生产工时	直接材料	直接人工	制造费用	成本合计
9010						
9041						
合计	—					

表 6-21　　基本生产成本二级账　　单位：元

项目	直接材料	生产工时	直接人工	制造费用	成本合计
月初在产品成本					
本月发生费用					
合计					
完工产品成本					
月末在产品成本					

第六章业务题参考答案

第七章　产品成本计算的分步法

【学习目标与要求】

通过本章学习，理解分步法的概念、适用范围及主要特点，了解综合结转法及成本还原、分项结转分步法与平行结转分步法的适用范围及计算程序，熟练掌握分步法的应用。

【价值塑造目标】

通过对分步法概念的理解和计算方法的掌握，培养分析和解决成本计算中实际问题的能力，理解成本会计对企业经营管理的重要性和成本核算岗位对企业发展的关键作用。

【思政案例】

分步法成本核算推动制造业前行

制造业是兴国之器、强国之基，衡量一个国家经济发展水平的重要指标之一就是该国的制造业发展水平。《中国制造2025》提出，通过“三步走”实现制造强国战略目标：第一步，到2025年迈入制造强国行列；第二步，到2035年中国制造业整体达到世界制造强国阵营中等水平；第三步，到中华人民共和国成立一百年时，制造业大国地位更加巩固，综合实力进入世界制造强国前列。这对我国制造业企业的要求更高了，在保证生产质量的前提下，成本核算成为影响企业盈利的关键因素。

分步法是以产品生产步骤和产品品种作为成本核算对象，来归集和分配生产费用，计算产品成本的。在大量、大批、多步骤生产中，按照生产步骤计算产品成本被广泛应用于制造业企业中。

专业分析　计算产品成本的分步法是以产品品种及其所经过的生产步骤作为成本核算对象，开设生产成本明细账，归集生产费用，计算产品成本的方法。这种方法适用于大量、大批、连续式复杂生产企业，也适用于大量、大批、多步骤生产企业。

思政分析　随着我国经济快速发展，为了精确计算企业利润，各企业对成本核算都非常重视，采用分步法的企业占大多数。在实务中，分步法的程序较为烦琐，工作量较大，稍有不慎就可能影响核算的准确性。会计人员要爱岗敬业、认真细致，避免在工作中出现懒、惰、拖的消极行为。

第一节 逐步结转分步法

一、分步法概述

（一）分步法的概念

产品成本计算的分步法是以生产过程中各个生产步骤（分品种）为成本核算对象，归集和分配生产费用，计算各步骤半成品和最后产成品成本的一种方法。

（二）分步法的适用范围

分步法适用于大量、大批、多步骤生产企业，如冶金（炼铁、炼钢和轧钢）企业、纺织（清花、梳棉、并条、粗纺等）企业、机械制造企业等。在这类企业中，产品生产可以分为若干个生产步骤进行成本管理，通常情况下，不仅要按照产品品种计算成本，而且要按照生产步骤计算成本，以便为考核和分析各种产品及各生产步骤成本计划执行情况提供资料。

（三）分步法计算成本的主要特点

（1）成本核算对象是各种产品的生产步骤。采用分步法计算产品成本时，既要计算出最终产品的成本，也要计算出每一生产步骤的成本，分步法的成本核算对象是每种产品以及每种产品所经过的生产步骤。在计算成本时，需要为每种产品及其所经过的生产步骤设置产品成本计算单，来归集生产费用并计算产品成本。

（2）为了计算期（月）末完工产品成本，还需要将归集在“生产成本明细账”中的生产成本在完工产品和在产品之间进行分配。对于生产过程中发生的费用，凡是直接费用，应直接计入各步骤产品成本计算单中；间接费用则应先行归集，然后再采用适当的方法分配计入各步骤产品成本计算单中。

（3）除了按品种计算和结转产品成本外，还需要计算和结转产品各步骤成本。如果企业只生产一种产品，成本核算对象就是该种产品及其所经过的各个生产步骤。另外，由于分步法适用于大量、大批生产企业，企业经常有完工产品产出，但不能于产品完工时就计算其成本，企业成本计算一般固定于期（月）末进行，产品成本计算期与产品生产周期不一致，而与会计结算期相同。

（4）分步法下生产步骤的划分有时表现为生产步骤与生产车间相同，有时并不完全一致。为了方便成本计算，有时一个车间就是一个生产步骤，有时将几个车间合并为一个生产步骤，有时一个车间又分为几个生产步骤。

在实务中，根据成本管理对各生产步骤成本资料的不同要求（如是否要求计算半成品成本）和简化核算要求，各生产步骤成本的计算和结转一般采用逐步结转及平行结转两种方法，即逐步结转分步法和平行结转分步法。

二、逐步结转分步法的含义和分类

（一）逐步结转分步法的含义

逐步结转分步法是为了分步计算半成品成本而采用的一种分步法，也称为计算半成品成本分步法。

此方法是按照产品加工的顺序，逐步计算并结转半成品成本，直到最后步骤完成才能计算产成品成本的一种方法。具体来说，按照产品的加工顺序，先计算第一步骤的半成品成本，然后结转给第二步骤；在第二步骤中，把第一步骤结转来的半成品成本加上本步骤耗用的材料成本和加工成本，就是第二步骤的半成品成本。以此类推，直到最后一个步骤生产出完工产品。

逐步结转分步法适用于大量、大批、连续式复杂生产企业。这种类型的企业有的不仅将产成品作为商品对外销售，各生产步骤所产半成品也经常作为商品对外销售。例如，钢铁厂生产的生铁、钢锭，纺织厂生产的棉纱等，都需要计算半成品成本。

逐步结转分步法在完工产品和在产品之间分配生产成本，即在各生产步骤完工产品和在产品之间进行分配。用这种方法计算产品成本，有利于提供各生产步骤的半成品资料，为各生产步骤在产品实物与资金管理方面提供资料，能全面反映各生产步骤生产耗费情况，更好地满足各生产步骤成本管理要求。但是，采用这种方法，成本结转工作量较大。各生产步骤半成品成本如果采用综合结转法，还要进行成本还原，这又增加了核算工作量。

逐步结转分步法按照成本在下一生产步骤产品成本计算单中的反映方式，可以分为综合结转法和分项结转分步法两种。

（二）综合结转法

1.综合结转法的概念

综合结转法是指上一步骤转入下一步骤的半成品成本，以“直接材料”或专设的“半成品”项目综合列入下一步骤产品成本计算单中。如果半成品通过半成品库收发，由于各期（月）所生产的半成品单位成本不同，所耗半成品单位成本可以同材料核算一样，采用先进先出法或加权平均法计算。

2.综合结转法的成本计算程序

采用综合结转法计算产品成本的程序如下：

（1）根据确定的成本对象设置产品成本计算单。

（2）第一步骤根据本步骤发生的各种生产费用计算该步骤半成品（也称完工半成品）成本，直接转入下一步骤或半成品仓库。

（3）第二步骤以后各生产步骤将从上一步骤或半成品库转入的半成品成本以“半成品”或“直接材料”综合项目计入本步骤产品成本计算单中，再加上本步骤发生的费用，计算出本步骤完工半成品成本，然后以综合项目转入下一步骤产品成本计算单中。

（4）最后一个步骤计算出完工产成品的成本。

微课 7-1

综合结转分步法

3.综合结转法举例

【例 7-1】某企业生产甲产品需经过三个生产步骤，原材料在生产开始时一次投入。月末在产品数量按约当产量法计算。有关资料见表 7-1 和表 7-2。

表 7-1　　产量资料　　数量单位：件

项目	第一步骤	第二步骤	第三步骤
月初在产品数量	200	100	80
本月投产数量	1 800	1 600	1 400
本月完工产品（或完工半成品）数量	1 600	1 400	1 200
月末在产品数量	400	300	280
在产品完工程度	50%	50%	50%

表 7-2　　生产费用资料　　单位：元

成本项目	月初在产品成本			本月发生费用		
	第一步骤	第二步骤	第三步骤	第一步骤	第二步骤	第三步骤
直接材料	405 000	138 000	14 000	1 850 000	—	—
燃料及动力	30 000	53 000	37 400	1 500 000	1 900 000	1 450 000
直接人工	104 000	211 500	98 400	2 200 000	6 500 000	3 600 000
制造费用	176 000	233 000	181 400	3 100 000	4 200 000	6 800 000
合计	715 000	635 500	331 200	8 650 000	12 600 000	11 850 000

采用综合结转法计算各步骤成本，分配情况为：

第一步骤产品成本：

直接材料费用分配率=（405 000+1 850 000）÷（1 600+400）

=1 127.5

完工半成品应分配直接材料费用=1 600×1 127.5

=1 804 000（元）

在产品应分配直接材料费用=400×1 127.5

=451 000（元）

燃料及动力费用分配率=（30 000+1 500 000）÷（1 600+400×50%）

=850

完工半成品应分配燃料及动力费=1 600×850

=1 360 000（元）

在产品应分配燃料及动力费=400×50%×850

=170 000（元）

其他费用的计算方法同上，据此可编制第一步骤产品成本计算单，见表7-3。

表7-3　**第一步骤产品成本计算单**　金额单位：元

项目		直接材料	燃料及动力	直接人工	制造费用	合计
月初在产品成本		405 000	30 000	104 000	176 000	715 000
本月发生费用		1 850 000	1 500 000	2 200 000	3 100 000	8 650 000
合计		2 255 000	1 530 000	2 304 000	3 276 000	9 365 000
产品产量（件）	完工半成品产量	1 600	1 600	1 600	1 600	—
	在产品约当产量	400	200	200	200	—
	合计	2 000	1 800	1 800	1 800	—
单位成本		1 127.5	850	1 280	1 820	5 077.5
转出完工半成品成本		1 804 000	1 360 000	2 048 000	2 912 000	8 124 000
在产品成本		451 000	170 000	256 000	364 000	1 241 000

将第一步骤产品成本计算单中的完工半成品成本8 124 000元转入第二步骤产品成本计算单中的"半成品"成本项目中。

第二步骤产品成本：

第二步骤半成品成本合计=138 000+8 124 000（第一步骤转入）

=8 262 000（元）

半成品成本分配率（单位成本）=（138 000+8 124 000）÷（1 400+300）

=4 860

完工半成品应分配半成品成本=1 400×4 860

=6 804 000（元）

在产品应分配半成品成本=300×4 860

=1 458 000（元）

燃料及动力费用分配率（单位成本）=（53 000+1 900 000）÷（1 400+300×50%）

=1 260

完工半成品应分配燃料和动力费用=1 260×1 400

=1 764 000（元）

在产品应分配燃料及动力费用=150×1 260

=189 000（元）

其他费用计算方法同上，据此可编制第二步骤产品成本计算单，见表7-4。

表7-4　**第二步骤产品成本计算单**　金额单位：元

项目		半成品	燃料及动力	直接人工	制造费用	合计
月初在产品成本		138 000	53 000	211 500	233 000	635 500
本月发生费用		8 124 000	1 900 000	6 500 000	4 200 000	20 724 000
合计		8 262 000	1 953 000	6 711 500	4 433 000	21 359 500
产品产量（件）	完工半成品产量	1 400	1 400	1 400	1 400	—
	在产品约当产量	300	150	150	150	—
	合计	1 700	1 550	1 550	1 550	—
单位成本		4 860	1 260	4 330	2 860	13 310
转出完工半成品成本		6 804 000	1 764 000	6 062 000	4 004 000	18 634 000
月末在产品成本		1 458 000	189 000	649 500	429 000	2 725 500

将第二步骤完工半成品成本18 634 000元以“半成品”成本项目转入第三步骤产品成本计算单中。

第三步骤产品成本：

第三步骤半成品成本合计=14 000+18 634 000（第二步骤转入）
=18 648 000（元）

半成品成本分配率（单位成本）=（14 000+18 634 000）÷（1 200+280）
=12 600

完工产品应分配半成品成本=1 200×12 600
=15 120 000（元）

月末在产品应分配半成品成本=280×12 600
=3 528 000（元）

燃料及动力费用分配率（单位成本）=（37 400+1 450 000）÷（1 200+280×50%）
=1 110

完工产品应分配燃料及动力费用=1 200×1 110
=1 332 000（元）

在产品应分配燃料及动力费用=140×1 110
=155 400（元）

其他费用计算方法同上，据此可编制第三步骤产品成本计算单，见表7-5。

表7-5 第三步骤产品成本计算单 金额单位：元

项目		半成品	燃料及动力	直接人工	制造费用	合计
月初在产品成本		14 000	37 400	98 400	181 400	331 200
本月发生费用		18 634 000	1 450 000	3 600 000	6 800 000	30 484 000
合计		18 648 000	1 487 400	3 698 400	6 981 400	30 815 200
产品产量（件）	完工产品产量	1 200	1 200	1 200	1 200	—
	在产品约当产量	280	140	140	140	—
	合计	1 480	1 340	1 340	1 340	—
单位成本		12 600	1 110	2 760	5 210	21 680
完工产品成本		15 120 000	1 332 000	3 312 000	6 252 000	26 016 000
月末在产品成本		3 528 000	155 400	386 400	729 400	4 799 200

这样就计算出完工产品1 200件的总成本为26 016 000元，单位成本为21 680元，月末在产品总成本为4 799 200元。

（三）综合结转法的成本还原

1.成本还原的概念

企业管理工作需要按原始成本项目考核产品成本的具体构成情况，而综合结转法并没有计算出完工产品成本的具体构成项目数额，为此需要对完工产品成本进行成本还原。成本还原就是将产成品耗用各步骤半成品的综合成本逐步分解还原为原来的成本项目。

2.成本还原的方法

成本还原的方法是指将产成品成本中以综合项目反映的半成品成本，逐步分解为以原始成本项目表现的成本。这时，要从最后一个步骤开始进行成本还原，直至还原到第一步骤。在实务中，企业进行成本还原常用的方法有项目结构率方法和还原分配率方法。

（1）项目结构率方法是指按半成品各成本项目占全部成本比重还原，主要有以下四个步骤：

步骤一，计算成本还原分配率。成本还原分配率是指各步骤完工产品成本构成，即各成本项目占全部成本的比重。计算公式为：

成本还原分配率=上一步骤完工半成品各成本项目金额÷上一步骤完工半成品成本合计

步骤二，将半成品综合成本进行分解。分解方法是用产成品成本中半成品综合成本乘以上一步骤生产该半成品各成本项目比重。计算公式为：

半成品成本还原=本期（月）产成品耗用上一步骤半成品成本×成本还原分配率

步骤三，计算还原后产品成本。还原后产品成本是根据还原前成本加上半成品成本还原计算出来的。计算公式为：

还原后产品成本=还原前产品成本+半成品成本还原

步骤四，如果成本计算有两个以上步骤，第一次成本还原后，还有未还原的半成品成本。此时，应将未还原的半成品成本进行还原，即用未还原的半成品成本乘以前一步骤该半成品各个成本项目的比重。以此类推，后面的还原步骤和方法同上，直至还原到第一步骤为止。

【例 7-2】以【例 7-1】成本计算结果为基础，进行成本还原，并将计算结果填入表 7-6。

表 7-6　　产品成本还原计算表（项目结构率方法）

产量：1 200 件　　金额单位：元

还原方法	成本项目	还原前产品成本	本月生产半成品成本	成本还原分配率	半成品成本还原	还原后总成本	还原后单位成本
	(1)	(2)	(3)	(4) = (3) 栏各项÷(3) 栏合计	(5) = (4) × (2) 栏半成品项目	(6) = (2) + (5)	(7) = (6) ÷ 完工产品产量 (1 200)
按第二步骤半成品成本结构进行还原	直接材料	—	—	—	—	—	—
	半成品	15 120 000	6 804 000	0.37	5 594 400	5 594 400	4 662
	燃料及动力	1 332 000	1 764 000	0.09	1 360 800	2 692 800	2 244
	直接人工	3 312 000	6 062 000	0.33	4 989 600	8 301 600	6 918
	制造费用	6 252 000	4 004 000	0.21	3 175 200	9 427 200	7 856
	合计	26 016 000	18 634 000	—	15 120 000	26 016 000	21 680
按第一步骤半成品成本结构进行还原	直接材料	—	1 804 000	0.22	1 230 768	1 230 768	1 025.64
	半成品	5 594 400	—	—	—	—	—
	燃料及动力	2 692 800	1 360 000	0.17	951 048	3 643 848	3 036.54
	直接人工	8 301 600	2 048 000	0.25	1 398 600	9 700 200	8 083.50
	制造费用	9 427 200	2 912 000	0.36	2 013 984	11 441 184	9 534.32
	合计	26 016 000	8 124 000	—	5 594 400	26 016 000	21 680

根据表 7-6 的资料可知，还原后的完工产品 1 200 件总成本为 26 016 000 元，具体包括直接材料 1 230 768 元、燃料及动力 3 643 848 元、直接人工 9 700 200 元及制造费用 11 441 184 元，与之对应的成本项目单位成本分别为直接材料 1 025.64 元、燃料及动力 3 036.54 元、直接人工 8 083.50 元及制造费用 9 534.32 元。

（2）还原分配率方法是按各步骤耗用半成品总成本占上一步骤完工半成品总成本比重进行还原，主要有以下四个步骤：

步骤一，计算成本还原分配率。成本还原分配率是指产成品成本中半成品成本占上一步骤所产该半成品总成本的比重。计算公式为：

$$\text{成本还原分配率}=\frac{\text{本期(月)产成品耗用上一步骤半成品成本合计}}{\text{本期(月)生产该半成品成本合计}}$$

步骤二，半成品成本还原。方法是用成本还原分配率乘以本期（月）生产该半成品成本项目金额。计算公式为：

半成品成本还原=成本还原分配率×本期（月）生产该半成品成本项目金额

步骤三，计算还原后产品成本。还原后产品成本是用还原前产品成本加上半成品成本还原计算的。计算公式为：

还原后产品成本=还原前产品成本+半成品成本还原

步骤四，如果成本计算需经两个以上步骤，则重复步骤一至步骤三进行多次还原，直至还原到第一步骤为止。

【例7-3】以【例7-1】的计算结果为基础，进行成本还原，并将计算结果列入表7-7。

表7-7　产品成本还原计算表（还原分配率方法）

产量：1 200件　金额单位：元

还原方法	成本项目	还原前产品成本 (1)	本月生产半成品成本 (2)	成本还原分配率 (3)	半成品成本还原 (4)=(3)×(2)	还原后总成本 (5)=(1)+(4)	还原后单位成本 (6)=(5)÷产量
按第二步骤半成品成本比重进行还原	直接材料	—	—	15 120 000÷18 634 000=0.8114	—	—	—
	半成品	15 120 000	6 804 000		5 520 766	5 520 766	4 600.64
	燃料及动力	1 332 000	1 764 000		1 431 310	2 763 310	2 302.76
	直接人工	3 312 000	6 062 000		4 918 707	8 230 707	6 858.92
	制造费用	6 252 000	4 004 000		3 249 217	9 501 217	7 917.68
	合计	26 016 000	18 634 000		15 120 000	26 016 000	21 680
按第一步骤半成品成本比重进行还原	直接材料	—	1 804 000	5 520 766÷8 124 000=0.67956	1 225 926	1 225 926	1 021.61
	半成品	5 520 766	—		—	—	—
	燃料及动力	2 763 310	1 360 000		924 202	3 687 512	3 072.93
	直接人工	8 230 707	2 048 000		1 391 739	9 622 446	8 018.71
	制造费用	9 501 217	2 912 000		1 978 899	11 480 116	9 566.75
	合计	26 016 000	8 124 000		5 520 766	26 016 000	21 680

根据表7-7的计算结果可知，还原后的完工产品1 200件总成本为26 016 000元，具体包括直接材料1 225 926元、燃料及动力3 687 512元、直接人工9 622 446元及制

造费用11 480 116元，与之对应的成本项目单位成本分别为直接材料1 021.61元、燃料及动力3 072.93元、直接人工8 018.71元及制造费用9 566.75元。

（四）分项结转分步法

分项结转分步法是指上一步骤转入下一步骤的半成品成本不是以“半成品”或“直接材料”成本项目反映的，而是分别成本项目计入下一步骤产品成本计算单的有关成本项目中。

运用分项结转分步法进行产品成本计算时，上一步骤半成品成本按照成本项目逐一转到下一步骤产品成本计算单上的“对口”成本项目中。如果半成品通过半成品库收发，那么在“自制半成品明细账”中登记半成品成本时，也应按照成本项目分别登记。总之，半成品成本无论处于哪个生产步骤，都是分成本项目反映的。在具体对成本进行计量时，既可以按照半成品的实际单位成本结转，也可按照半成品的计划单位成本结转，然后按成本项目分项调整成本差异。

因此，采用分项结转分步法计算出来的产品成本能提供按原始成本项目反映的产品成本结构，不需要进行成本还原。

【例7-4】某企业甲产品由两个车间进行生产，采用分项结转分步法计算产品成本，在产品按定额成本计算，原材料在生产开始时一次投入。该企业产量资料和定额及生产费用资料见表7-8和表7-9。

表7-8　**产量资料**　金额单位：件

项目	第一车间	第二车间
月初在产品	100	80
本月投产	200	250
本月完工	250	300
月末在产品	50	30
完工进度（%）	50	50

表7-9　**定额及生产费用资料**　单位：元

项目	单件定额成本		月初在产品成本（定额成本）		本月发生生产费用	
	第一车间	第二车间	第一车间	第二车间	第一车间	第二车间
直接材料	200	200	20 000	16 000	41 000	—
燃料及动力	50	60	2 500	2 400	12 000	16 000
直接人工	30	20	1 500	800	6 100	4 800
制造费用	40	10	2 000	400	6 500	2 200
合计	320	290	26 000	19 600	65 600	23 000

根据上述资料，采用分项结转分步法编制第一车间产品成本计算单，见表7-10。

表7-10　　第一车间产品成本计算单　　单位：元

项目	直接材料	燃料及动力	直接人工	制造费用	合计
月初在产品成本（定额成本）	20 000	2 500	1 500	2 000	26 000
本月发生费用	41 000	12 000	6 100	6 500	65 600
合计	61 000	14 500	7 600	8 500	91 600
完工半成品成本	51 000	13 250	6 850	7 500	78 600
月末在产品成本（定额成本）	10 000	1 250	750	1 000	13 000

根据第一车间转出完工半成品成本，分成本项目转入第二车间产品成本计算单中相同成本项目中，即可编制第二车间产品成本计算单，见表7-11。

表7-11　　第二车间产品成本计算单　　单位：元

项目	直接材料	燃料及动力	直接人工	制造费用	合计
月初在产品成本（定额成本）	16 000	2 400	800	400	19 600
本月发生费用	—	16 000	4 800	2 200	23 000
上车间转入	51 000	13 250	6 850	7 500	78 600
合计	67 000	31 650	12 450	10 100	121 200
完工产品成本	61 000	30 750	12 150	9 950	113 850
月末在产品成本（定额成本）	6 000	900	300	150	7 350

第二节　平行结转分步法

一、平行结转分步法概述

（一）平行结转分步法概念

平行结转分步法也称不计算半成品成本分步法，是指在计算各步骤成本时，不计算各步骤所产生的半成品成本，也不计算各步骤所耗上一步骤半成品成本，而是只计算本步骤发生的各项其他成本以及这些成本中应计入产成品的份额，将相同产品各步骤成本明细账中的这些份额平行结转、汇总，即可计算出该产品的产成品成本。

（二）成本核算对象和成本结转程序

采用平行结转分步法时，成本核算对象是各种产成品及其经过各生产步骤中的成本份额，而各步骤产品生产成本并不伴随半成品实物转移而结转。其成本结转程序如图7-1所示。

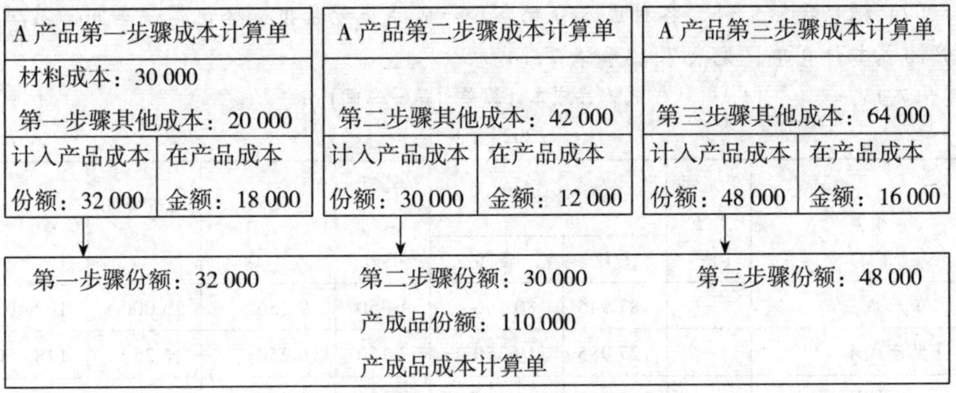

图7-1　平行结转分步法成本结转程序

从图7-1可以看出，各生产步骤均不计算本步骤半成品成本，尽管半成品实物转入下一步骤继续加工，但其成本并不结转到下一步骤产品成本计算单中去，只是在产品最后完工转入产成品库时，才将各步骤生产成本中应由完工产品负担的份额从各步骤产品成本计算单中转出，平行汇总到产成品成本中。

（三）产品生产成本在完工产品和在产品之间分配

采用平行结转分步法时，每一生产步骤的生产成本也要在其完工产品与期（月）末在产品之间进行分配。这里的完工产品是指企业最后完工的产成品，在产品是指各步骤尚未加工完成的在产品和各步骤已完工但尚未最终完成的产品。

二、平行结转分步法举例

【例7-5】2023年8月，某企业乙产品生产有两个步骤，分别在两个生产车间进行，第一车间为第二车间提供半成品，第二车间加工完成产成品。产成品和月末在产品之间分配费用的方法是定额比例法，材料费用按定额材料费用比例分配，其他费用按定额工时比例分配。

（1）定额资料见表7-12。若该企业月末没有盘点在产品，月末在产品定额资料要根据月初在产品定额资料加上本月投产定额资料减去产成品定额资料计算求出。

表7-12

乙产品定额资料

2023年8月

生产步骤	月初在产品		本月投入		产成品				
					单件定额		产量（件）	总定额	
	材料费用（元）	工时（小时）	材料费用（元）	工时（小时）	材料费用（元）	工时（小时）		材料费用（元）	工时（小时）
第一车间份额	87 945	1 350	127 985	3 150	380	7	500	190 000	3 500
第二车间份额	—	1 200	—	4 800	—	10	500	—	5 000
合计	87 945	2 550	127 985	7 950	—	17	—	190 000	8 500

(2) 根据定额资料、各种成本分配表和产成品产量月报，登记第一车间、第二车间产品成本计算单，见表7-13和表7-14。

表7-13 乙产品成本计算单（第一车间）

2023年8月

项目	产成品产量（件）	直接材料（元）		定额工时（小时）	直接人工（元）	制造费用（元）	合计（元）
		定额	实际				
月初在产品	—	87 945	80 146	1 350	9 256	13 000	102 402
本月生产成本	—	127 985	11 6350	3 150	16 250	16 250	148 850
合计	—	215 930	196 496	4 500	25 506	29 250	251 252
分配率	—	—	0.91	—	5.668	6.5	—
产成品中本步骤份额	500	190 000	172 900	3 500	19 838	22 750	215 488
月末在产品	—	25 930	23 596	1 000	5 668	6 500	35 764

表7-14 乙产品成本计算单（第二车间）

2023年8月

项目	产成品产量（件）	直接材料（元）		定额工时（小时）	直接人工（元）	制造费用（元）	合计（元）
		定额	实际				
月初在产品	—	—	—	1 200	11 167	10 595	21 762
本月生产成本	—	—	—	4 800	25 805	40 885	66 690
合计	—	—	—	6 000	36 972	51 480	88 452
分配率	—	—	—	—	6.162	8.58	—
产成品中本步骤份额	500	—	—	5 000	30 810	42 900	73 710
月末在产品	—	—	—	1 000	6 162	8 580	14 742

(3) 根据两个车间的产品成本计算单，平行汇总产成品成本，见表7-15。

表7-15 乙产成品成本汇总计算表

2023年8月

生产车间	产成品数量（件）	直接材料（元）	直接人工（元）	制造费用（元）	合计（元）
第一车间	—	172 900	19 838	22 750	215 488
第二车间	—	—	30 810	42 900	73 710
合计	500	172 900	50 648	65 650	289 198
单位成本	—	345.80	101.30	131.30	578.40

可以看出，平行结转分步法的优点主要有：

（1）各生产步骤可以同时计算产品成本，平行汇总计入产成品成本，不必逐步结转半成品成本。

（2）能够直接提供按原始成本项目反映的产成品成本资料，不必进行成本还原，因而能简化和加速成本计算工作。

平行结转分步法的不足也比较明显，主要有：

（1）不能提供各生产步骤的半成品成本资料。

（2）在产品的费用在产品最后完成以前，不随实物转出而转出，即不按其所在的地点登记，而按其发生的地点登记，因而不能为各生产步骤在产品的实物和资金管理提供资料。

（3）各生产步骤产品成本不包括所耗半成品费用，因而不能全面反映各生产步骤产品生产耗费水平（第一步骤除外），无法有效地满足这些生产步骤成本管理的要求。

思政园地

分步法中的工匠精神

工匠精神是热爱工作、追求极致的精神，是对职业敬畏、对工作执着、不断追求完美的精神。工匠精神与社会主义核心价值观相契合，也和会计人员的价值观一脉相承。当前产品成本计算的分步法被广泛应用于各类企业，它能清晰地反映各步骤生产成本的实际情况，但核算程序烦琐，工作量大，这就需要会计人员对每件产品、每道工序的核算精益求精、追求极致。

即测即评

第七章单项选择题　　第七章多项选择题　　第七章判断题

业务题

1.某企业生产甲产品，有两个步骤，分别由第一车间和第二车间进行生产。第一车间为第二车间提供半成品，半成品直接转入第二车间，第二车间将半成品加工为产成品。该企业原材料在生产开始时一次全部投入。2023年12月，第一车间生产半成品300件、完工产品350件，第二车间生产半成品400件、完工产品420件。各步骤在产品成本按所耗直接材料成本计价法计算。第一车间产品成本计算单部分资料见表7-16。

表 7-16　　产品成本计算单（第一车间）

2023 年 12 月　　单位：元

项目	直接材料	直接人工	制造费用	合计
月初在产品成本	6 351.50	734.50	148	7 234
本月发生生产成本	7 500	900	300	8 700
合计	13 851.50	1 634.50	448	15 934

第二车间月初半成品 17 133.60 元，本月发生直接人工 747.60 元、制造费用 319.20 元。

要求：根据以上资料，填写产品成本计算单，按实际成本综合结转半成品成本，计算产成品成本，见表 7-17 和表 7-18。

表 7-17　　甲产品成本计算单（一）

车间名称：第一车间　　2023 年 12 月　　单位：元

项目	直接材料	直接人工	制造费用	合计
月初在产品成本				
本月发生生产成本				
本月生产成本合计				
单位产品成本				
完工产品成本				
月末在产品成本				

表 7-18　　甲产品成本计算单（二）

车间名称：第二车间　　2023 年 12 月　　单位：元

项目	自制半成品	直接人工	制造费用	合计
月初在产品成本		—	—	
本月发生生产成本				
本月生产成本合计				
单位产品成本				
完工产品成本				
月末在产品成本				

2. 某企业生产甲产品，经过三个生产步骤，原材料在生产开始时一次投入，月末在产品按约当产量法计算。其他有关资料见表 7-19 和表 7-20。

表 7-19 **产量资料** 数量单位：件

项目	第一步骤	第二步骤	第三步骤
月初在产品数量	40	60	80
本月投产数量	80	100	130
本月完工产品数量	100	130	160
月末在产品数量	20	30	50
在产品完工程度	50%	50%	60%

表 7-20 **生产费用资料** 单位：元

成本项目	月初在产品			本月发生费用		
	第一步骤	第二步骤	第三步骤	第一步骤	第二步骤	第三步骤
直接材料	1 800	2 500	5 291	24 000	—	—
燃料及动力	600	915	1 250	9 300	3 000	5 400
直接人工	1 000	1 125	1 360	7 910	2 500	3 200
制造费用	700	875	1 130	4 250	1 300	2 100
合计	4 100	5 415	9 031	45 460	6 800	10 700

要求：(1) 采用综合结转法计算产品成本，填列表 7-21、表 7-22 和表 7-23。

表 7-21 **第一步骤产品成本计算单** 金额单位：元

项目		直接材料	燃料及动力	直接人工	制造费用	合计
月初在产品						
本月发生费用						
合计						
产量（件）	完工半成品产量					—
	在产品约当产量					—
	合计					—
单位成本						
转出半成品成本						
月末在产品成本						

表 7-22　　第二步骤产品成本计算单　　金额单位：元

项目		直接材料	燃料及动力	直接人工	制造费用	合计
月初在产品						
本月发生费用						
合计						
产量（件）	完工半成品产量					—
	在产品约当产量					—
	合计					—
单位成本						
转出半成品成本						
月末在产品成本						

表 7-23　　第三步骤产品成本计算单　　金额单位：元

项目		直接材料	燃料及动力	直接人工	制造费用	合计
月初在产品						
本月发生费用						
合计						
产量（件）	完工产成品产量					—
	在产品约当产量					—
	合计					—
单位成本						
转出产成品成本						
月末在产品成本						

（2）按照项目结构率方法和还原分配率方法进行成本还原，填列表 7-24 和表 7-25。

表 7-24　　产品成本还原表（项目结构率方法）

产量：160 件　　金额单位：元

还原方法	成本项目	还原前产品成本	本月生产半成品成本	成本还原分配率（%）	半成品成本还原	还原后总成本
按第二步骤半成品成本结构进行还原	直接材料	—	—	—		
	半成品				—	—
	燃料及动力					
	直接人工					
	制造费用					
	合计					
按第一步骤半成品成本结构进行还原	直接材料	—				
	半成品		—	—	—	—
	燃料及动力					
	直接人工					
	制造费用					
	合计					

表 7-25　　产品成本还原表（还原分配率方法）

产量：160 件　　金额单位：元

还原方法	成本项目	还原前产品成本	本月生产半成品成本	成本还原分配率（%）	半成品成本还原	还原后总成本
按第二步骤半成品成本比重进行还原	直接材料	—	—			
	半成品				—	—
	燃料及动力					
	直接人工					
	制造费用					
	合计					

续表

还原方法	成本项目	还原前产品成本	本月生产半成品成本	成本还原分配率（%）	半成品成本还原	还原后总成本
按第一步骤半成品成本比重进行还原	直接材料	—				
	半成品		—		—	—
	燃料及动力					
	直接人工					
	制造费用					
	合计					

3.某企业有两个车间生产甲产品，采用在产品按定额成本计价法，原材料是在生产开始时一次投入的，产量资料和定额及生产费用资料见表7-26、表7-27。

表7-26 **产量资料** 数量单位：件

项目	第一车间	第二车间
月初在产品数量	80	60
本月投产数量	120	180
本月完工产品数量	180	200
月末在产品数量	20	40
在产品完工程度	50%	50%

表7-27 **定额及生产费用资料** 单位：元

成本项目	单件定额成本		月初在产品定额成本		本月发生生产费用	
	第一车间	第二车间	第一车间	第二车间	第一车间	第二车间
直接材料	20	77.5	1 600	4 650	9 500	—
燃料及动力	10	26.4	400	792	1 215	920
直接人工	20	39.2	800	1 176	3 494	1 300
制造费用	9	14.0	360	420	2 595	630
合计	59	157.1	3 160	7 038	16 804	2 850

要求：采用分项结转分步法计算产品成本，填列表7-28和表7-29。

表7-28　　第一车间产品成本计算单　　单位：元

项目	直接材料	燃料及动力	直接人工	制造费用	合计
月初在产品					
本月发生费用					
合计					
完工半成品					
月末在产品					

表7-29　　第二车间产品成本计算单　　单位：元

项目	直接材料	燃料及动力	直接人工	制造费用	合计
月初在产品					
本月发生费用	—				
前一车间转入					
合计					
完工产成品					
月末在产品					

4.某企业甲产品由第一车间和第二车间进行生产，采用平行结转分步法计算产品成本，直接材料于生产开始时一次投入，各步骤月末在产品完工程度均为40%，生产费用采用约当产量法在完工产品与在产品之间进行分配。相关资料见表7-30、表7-31、表7-32和表7-33。

表7-30　　各车间产量记录　　单位：件

项目	第一车间	第二车间
月初在产品	80	20
本月投入	400	440
本月完工	440	400
月末在产品	40	60

表 7-31　　第一车间产品成本计算单　　金额单位：元

项目	直接材料	直接人工	制造费用	合计
月初在产品成本	2 800	580	1 008	4 388
本月发生费用	8 000	1 800	2 800	12 600
费用分配率				
计入产成品成本份额				
月末在产品成本				

表 7-32　　第二车间产品成本计算单　　金额单位：元

项目	直接材料	直接人工	制造费用	合计
月初在产品成本	—	4 160	1 520	5 680
本月发生费用	—	12 800	11 200	24 000
费用分配率				
计入产成品成本份额	—			
月末在产品成本	—			

表 7-33　　产品成本汇总计算表　　单位：元

项目	直接材料	直接人工	制造费用	合计
第一车间				
第二车间	—			
合计				

要求：(1) 计算第一车间约当产量（按直接材料、直接人工、制造费用分别计算），并把表 7-31 填写完整。

(2) 计算第二车间约当产量，并把表 7-32 填写完整。

(3) 把表 7-33 填写完整，并计算单位产品成本。

第七章业务题参考答案

第八章　标准成本

【学习目标与要求】

通过本章学习，了解标准成本法的概念以及标准成本的种类，理解标准成本法对于企业成本控制的意义，初步掌握标准成本法下成本差异的计算分析以及标准成本法的运用程序。

【价值塑造目标】

通过对标准成本法的运用，提升自身专业素质，培养严谨细致的作风，坚守客观、公正立场，准确核算经济业务事项。

【思政案例】

标准成本的产生背景

标准成本是早期管理会计的主要支柱之一。美国工业在南北战争以后有很大的发展，许多工厂成为生产多种产品的大企业，但是由于企业管理落后，劳动生产率较低，许多工厂的产量大大低于额定生产能力。为了改进管理，一些工程技术人员和管理者进行了多种实验，努力把科学技术的最新成就应用于生产管理，大大提高了劳动生产率，并形成了一套科学管理制度。

为了提高工人的劳动生产率，他们首先改革了工资制度和成本计算方法，以预先设定的科学标准为基础，制定了计件工资制度，采用“标准人工成本”概念。此后，他们又把“标准人工成本”概念引申到标准材料成本和标准制造费用等方面。最初的标准成本是独立于会计系统之外的一种计算工作，1919年美国全国成本会计师协会成立，对推广标准成本起了很大的作用。1920—1930年，美国会计学界经过长期争论，把标准成本纳入了会计系统，从此出现了真正的标准成本会计制度。

专业分析　由于标准成本代表了成本要素的合理近似值，因而可以作为定价依据，还可以作为本量利分析的原始数据资料，以及估算产品未来成本的依据。使用标准成本记录材料、在产品和销售业务，可以简化日常的账务处理和报表的编制工作。在标准成本系统中，前面提到的各账户按标准成本入账，账务处理及时、简单，减少了许多费用的分配计算。

思政分析 标准成本在本质上可以视为产品成本控制的目标，为企业成本控制指明了方向。我们的人生也一样，明确的目标会为生活、学习和工作指明方向。新时代的青年应当将个人目标与国家目标、集体目标相结合，在建设伟大祖国的过程中实现自己的人生价值。

第一节 标准成本概述

一、标准成本的概念及种类

（一）标准成本的概念

标准成本是企业根据产品各项标准消耗量（如材料、工时等）及标准费用率事先计算出来的产品支出，也是企业通过精确调查、分析并采用相应技术制定出来的，能够用来评价实际成本、衡量生产效率的一种目标成本。企业将标准成本与实际成本相比较，可以分析差异产生的原因，从而采取相应措施控制成本费用支出，逐渐达到标准成本水平。

在实务中，标准成本有以下两层含义：

1.单位产品标准成本

单位产品标准成本是根据企业单位产品标准消耗量和标准单价计算出来的，有时也称为成本标准。计算公式为：

单位产品标准成本=成本标准=单位产品标准消耗量×标准单价

2.实际产量标准成本总额

实际产量标准成本总额是指企业根据实际产量和单位产品标准成本计算得出的成本支出。计算公式为：

实际产量标准成本总额=实际产量×单位产品标准成本

（二）标准成本的种类

1.按照标准成本制定过程生产技术和经营管理水平不同进行的分类

按照标准成本制定过程生产技术和经营管理水平不同，标准成本可分为理想标准成本和正常标准成本。

（1）理想标准成本是指在最优生产条件下，利用现有的规模和设备能够达到的最低成本。在理想标准成本下，极少浪费，无废料、废品，企业的工艺和技术水平达到最高，生产经营实现最佳运作，产品制造过程处于最先进、最完美的状态，企业的全部生产要素都达到最佳使用状态。这种情况很难达到，企业若将理想标准成本作为短期目标是很难实现的，只能作为考核时的参考指标。理想标准成本的主要用途是提供一个完美的目标，揭示实际成本下降的潜力。

（2）正常标准成本是指在效率良好的条件下，根据下期应该发生的生产要素消耗量、预计价格和预计生产经营能力利用程度制定出来的标准成本。正常标准成本将未来视为历史的延伸，是一种经过努力可以达到的成本目标，企业可以此作为现行标准成本。

在实务中，正常标准成本是通过科学的方法，根据客观实验和过去的实践，经过充分研究后制定出来的，具有客观性和科学性；正常标准成本排除了各种偶然性和意外情况，同时又保留了目前条件下难以避免的损失，代表正常情况下的消耗水平，具有现实性；正常标准成本是应该发生的成本，可作为评价业绩的尺度，具有实现目标成本的激励性；正常标准成本可以在工艺和技术水平及管理水平变化不大时持续使用而不需要经常修订，具有稳定性。正常标准成本通常只在经济形势稳定、生产发展较为平稳的情况下才能采用。

2.按适用期不同进行的分类

按适用期不同，标准成本可以分为基本标准成本和现行标准成本。

（1）基本标准成本是指一经制定，只要生产基本条件无重大变化就不予变动的标准成本。在企业中，生产基本条件无重大变化主要体现为生产产品的物理结构、重要原材料与劳动要素价格、生产技术和工艺等条件没有发生根本变化。一旦这些条件发生根本变化，企业必须对基本标准成本进行修订。如果市场供求变化导致售价和生产经营能力利用程度等方面的变化，或者工作方法改变引起了效率变化等，不属于生产基本条件变化，也不需要对基本标准成本进行修订。

基本标准成本与各期实际成本比较，可以反映成本变动趋势，但是由于基本标准成本不按各期实际情况进行修订，因此，不宜用它直接评价企业的工作效率和成本控制有效性。

（2）现行标准成本是指根据适用期间的价格、效率和生产经营能力利用程度等因素预计的标准成本。在这些决定性因素发生变化时，企业需要根据具体情况修订现行标准成本。在实务中，现行标准成本既可作为评价实际成本的依据，也可成为存货和销货成本的计价依据。

二、标准成本的制定

标准成本一般是由财务部门会同采购部门、生产部门、技术部门和其他相关经营管理等部门，在对企业生产经营具体条件进行分析、研究、技术测定的基础上，采用科学方法制定的。通常情况下，制定标准成本首先是确定直接材料和直接人工标准成本，其次是确定制造费用标准成本，最后是确定单位产品标准成本。

制定标准成本时，无论哪一个成本项目，都需要分别确定用量标准和价格标准，两者相乘后得出单位产品标准成本。其中，用量标准包括单位产品材料消耗量、单位产品直接人工工时等，这些主要由生产部门、技术部门制定。价格标准包括原材料单价、小时工资率、小时制造费用分配率等，这些由财务部门同其他相关部门一起确定。例如，采购部门是材料价格的责任部门，劳资部门和生产部门对小时工资率负责，各生产车间对小时制造费用分配率负责。无论是价格标准还是用量标准，都可以是理想状态的或正常状态的，据此可以得出理想标准成本或者正常标准成本。

（一）直接材料标准成本

直接材料标准成本包括直接材料用量标准和直接材料价格标准。直接材料用量标准是用统计方法、工业工程法或其他技术分析方法确定的，是指在现有技术条件下生产单位产品所需的材料数量，其中包括必不可少的消耗以及各种难以避免的损失。直接材料价格标准是预计下一年度实际需要支付的进料单位成本，包括发票价格、运费、检验和正常损耗等成本，是取得材料的完全成本。计算公式如下：

直接材料标准成本=直接材料用量标准×直接材料价格标准

【例 8-1】某企业生产甲产品，需耗用 A、B 两种直接材料，直接材料标准成本计算见表 8-1。

表 8-1 甲产品直接材料标准成本

标准	材料 A	材料 B
价格标准：	—	—
每千克标准价格（元）	1.07	4.28
用量标准：	—	—
单位产品标准用量（千克）	3.30	2.00
成本标准：	—	—
材料 A（3.30×1.07）（元）	3.53	—
材料 B（2.00×4.28）（元）	—	8.56
单位产品标准成本（元）	12.09	

（二）直接人工标准成本

直接人工标准成本包括直接人工工时标准和直接人工价格标准。直接人工工时标准是单位产品标准工时。标准工时是指在现有生产技术条件下，单位产品生产所需要的时间，包括直接加工操作必不可少的时间、必要间歇和停工以及不可避免的废品耗用工时等。直接人工价格标准是指标准工资率。如果采用计件工资制度，工资率就是生产单位产品应支付的计件单价；如果采用计时工资制，工资率就是单位工时标准工资率。计算公式为：

标准工资率=标准工资总额÷标准总工时

直接人工标准成本=工时标准×标准工资率

【例 8-2】沿用【例 8-1】的资料，某企业生产甲产品，第一车间、第二车间发生的直接人工标准成本计算见表 8-2。

表 8-2 甲产品直接人工标准成本

项目	第一车间	第二车间
每月总工时（小时）	4 000	10 000
每月工资总额（元）	3 600	12 600
每小时工资率（元/小时）	0.90	1.26
单位产品标准工时（小时）	2	1
单位产品直接人工标准成本（元）	1.80	1.26
单位产品直接人工标准成本合计（元）	3.06	

（三）制造费用标准成本

制造费用标准成本是按部门编制的，将同一产品涉及的各部门制造费用标准加以汇总，就可以得出整个产品制造费用标准成本。

各部门制造费用标准成本分为变动制造费用标准成本和固定制造费用标准成本两部分。

1.变动制造费用标准成本

变动制造费用数量标准通常采用单位产品直接人工工时标准，在直接人工标准成本制定时已经确定。变动制造费用价格标准是每一工时变动制造费用的标准分配率，根据变动制造费用预算和直接人工总工时计算求得。计算公式为：

变动制造费用标准分配率=变动制造费用预算总额÷标准总工时

变动制造费用标准成本=变动制造费用标准分配率×工时标准

2.固定制造费用标准成本

固定制造费用标准成本的制定与变动制造费用标准成本的制定基本相同，不过固定制造费用预算总额只能预计某一生产水平下的费用总额，不随生产量的变动而变动。计算公式为：

固定制造费用标准分配率=固定制造费用预算总额÷标准总工时

固定制造费用标准成本=固定制造费用标准分配率×工时标准

【例 8-3】沿用【例 8-1】的资料，某企业生产甲产品，制造费用标准成本计算见表 8-3。

将以上直接材料、直接人工和制造费用标准成本按产品加以汇总，就可以确定有关产品完整的标准成本。在实务中，企业编制单位产品标准成本卡（见表 8-4），反映产成品标准成本的具体构成情况。在每种产品生产之前，其单位产品标准成本卡要送达有关人员，包括各级生产部门负责人，以及财务部门、仓库等，作为领料、派工和支出其他费用的依据。

表 8-3　　**甲产品制造费用标准成本**

项目	第一车间	第二车间
变动制造费用预算（元）	5 200	12 000
生产量标准（人工工时）（小时）	4 000	10 000
变动制造费用标准分配率（元/小时）	1.30	1.20
直接人工用量标准（人工工时）（小时）	2	1
单位产品变动制造费用标准成本（元）	2.60	1.20
单位产品变动制造费用标准成本合计（元）	3.80	
固定制造费用预算（元）	2 000	6 000
生产量标准（人工工时）（小时）	4 000	10 000
固定制造费用标准分配率（元/小时）	0.50	0.60
直接人工用量标准（人工工时）（小时）	2	1
单位产品固定制造费用标准成本（元）	1	0.60
单位产品固定制造费用标准成本合计（元）	1.60	
单位产品制造费用标准成本总计（元）	5.40	

表 8-4　　**单位产品标准成本卡（甲产品）**

成本项目	用量标准	价格标准	标准成本
直接材料：	—	—	—
A 材料	3.30 千克	1.07 元/千克	3.53 元
B 材料	2.00 千克	4.28 元/千克	8.56 元
合计	—	—	12.09 元
直接人工：	—	—	—
第一车间	2 小时	0.90 元/小时	1.80 元
第二车间	1 小时	1.26 元/小时	1.26 元
合计	—	—	3.06 元
制造费用：	—	—	—
变动制造费用（第一车间）	2 小时	1.30 元/小时	2.60 元
变动制造费用（第二车间）	1 小时	1.20 元/小时	1.20 元
合计	—	—	3.80 元
固定制造费用（第一车间）	2 小时	0.50 元/小时	1.00 元
固定制造费用（第二车间）	1 小时	0.60 元/小时	0.60 元
合计	—	—	1.60 元
单位产品标准成本总计	20.55 元		

第二节　标准成本差异分析

企业产品成本中的变动部分主要包括直接材料、直接人工和变动制造费用，这些变动成本差异分析所用的方法基本相同。在具体分析时，由于实际成本的高低取决于实际用量和实际价格，而标准成本的高低取决于标准用量和标准价格，因此变动成本差异可以总结为价格脱离标准产生价格差异与用量脱离标准产生数量差异两大类，具体可以用以下公式和数据关系图（如图8-1所示）表示：

产品变动成本差异=实际成本-标准成本

=实际数量×实际价格-标准数量×标准价格

$$=\begin{matrix}\text{实际}\\\text{数量}\end{matrix}\times\begin{matrix}\text{实际}\\\text{价格}\end{matrix}-\begin{matrix}\text{实际}\\\text{数量}\end{matrix}\times\begin{matrix}\text{标准}\\\text{价格}\end{matrix}+\begin{matrix}\text{实际}\\\text{数量}\end{matrix}\times\begin{matrix}\text{标准}\\\text{价格}\end{matrix}-\begin{matrix}\text{标准}\\\text{数量}\end{matrix}\times\begin{matrix}\text{标准}\\\text{价格}\end{matrix}$$

$$=\text{实际数量}\times\left(\begin{matrix}\text{实际}\\\text{价格}\end{matrix}-\begin{matrix}\text{标准}\\\text{价格}\end{matrix}\right)+\left(\begin{matrix}\text{实际}\\\text{数量}\end{matrix}-\begin{matrix}\text{标准}\\\text{数量}\end{matrix}\right)\times\text{标准价格}$$

=价格差异+数量差异

（1）实际数量×实际价格

（2）实际数量×标准价格

（3）标准数量×标准价格

（1）－（2）：价格差异

（2）－（3）：价格差异

（1）－（3）：变动成本差异

图8-1　数据关系图

一、直接材料成本差异分析

直接材料成本差异是指直接材料实际成本与标准成本之间的差额。该项差异形成的原因有两个：一是材料价格脱离标准（价差）；二是材料用量脱离标准（量差）。有关计算公式如下：

材料价格差异=实际数量×（实际价格-标准价格）

材料数量差异=（实际数量-标准数量）×标准价格

直接材料成本差异=材料价格差异+材料数量差异

【例8-4】某企业本月生产产品4 000件，使用材料25 000千克，材料价格为5.5元/千克；单位产品直接材料标准成本为30元，每件产品耗用6千克直接材料，每千克材料标准价格为5元。

直接材料价格差异=25 000×（5.5-5）=12 500（元）

直接材料数量差异=（25 000-4 000×6）×5=5 000（元）

直接材料价格差异与数量差异之和应当等于直接材料成本差异。

直接材料成本差异=实际成本-标准成本

=25 000×5.5-4 000×6×5=17 500（元）

或　　　　　　=直接材料价格差异+直接材料数量差异

=12 500+5 000=17 500（元）

直接材料价格差异是在采购过程中形成的。采购部门未能按标准价格进货的原因主要有以下几个：供应商价格变动，未按经济采购批量进货，未能及时订货造成紧急订货，采购时舍近求远使运费和途耗增加，采用不必要的快捷运输方式，违反合同被罚款，承接紧急订货造成额外采购等。要弄清楚究竟是什么原因造成的，就需要进行具体分析和调查，以明确最终原因和责任归属。

直接材料数量差异是在材料耗用过程中形成的，具体原因有以下几个：操作错误造成废品和废料增加，工人用料不精心，新工人上岗造成多用料，机器或工具不适用造成用料增加，操作技术改进而节省材料等。在实务中，有时用料多并非生产部门的责任，如购入的材料质量低劣、规格不符也会使用料超过标准，又如加工工艺变更、检验过严也会使直接材料数量差异加大。企业要进行具体分析和调查，才能明确责任归属。

二、直接人工成本差异分析

直接人工成本差异是指直接人工实际成本与标准成本之间的差额，也可以分解为价差和量差两部分。价差是指实际工资率脱离标准工资率的差额，这一差额按实际工时计算确定，又称为工资率差异。量差是指实际工时脱离标准工时的差额，这一差额按标准工资率计算确定，又称为人工效率差异。有关计算公式为：

工资率差异=实际工时×（实际工资率-标准工资率）

人工效率差异=（实际工时-标准工时）×标准工资率

直接人工成本差异=工资率差异+人工效率差异

【例 8-5】某企业本月生产产品4 000千克，实际使用工时18 000小时，支付工资93 600元；直接人工标准成本为20元/千克，每千克产品标准工时为4小时，标准工资率为5元/小时。按上述公式计算：

工资率差异=18 000×（93 600÷18 000-5）=3 600（元）

人工效率差异=（18 000-4 000×4）×5=10 000（元）

工资率差异与人工效率差异之和应当等于直接人工成本差异，可据此验算差异分析计算的正确性。

直接人工成本差异=实际人工成本-标准人工成本

=93 600-4 000×4×5=13 600（元）

或　　　　　　=工资率差异+人工效率差异

=3 600+10 000=13 600（元）

工资率差异形成的原因是直接生产工人升级或降级使用、奖励制度未产生实效、工资率调整、加班或使用临时工、出勤率变化等。人工效率差异形成的原因包括工作环境不良、工人经验不足、劳动情绪不佳、上岗的新工人太多、机器或工具选用不当、设备故障较多、作业计划安排不当、产量太少无法发挥批量节约优势等。人工效率差异主要是生产部门的责任，但也不是绝对的，如果材料质量不好也会影响生产效率。

三、变动制造费用成本差异分析

变动制造费用成本差异是指实际变动制造费用与标准变动制造费用之间的差额，也可以分解为价差和量差两部分。价差是指变动制造费用实际分配率脱离标准分配率而按实际工时计算的金额，反映消耗水平高低，也称为变动制造费用耗费差异。量差是指实际工时脱离标准工时而按标准分配率计算的金额，反映工作效率变化引起的费用节约或超支，也称为变动制造费用效率差异。有关计算公式为：

$$\text{变动制造费用耗费差异}=\text{实际工时}\times(\text{变动制造费用实际分配率}-\text{变动制造费用标准分配率})$$

变动制造费用效率差异=（实际工时-标准工时）×变动制造费用标准分配率

变动制造费用成本差异=变动制造费用耗费差异+变动制造费用效率差异

【例 8-6】某企业本月实际产量为 4 000 台，使用工时 17 000 小时，实际发生变动制造费用 35 700 元；变动制造费用标准成本为 8 元/台，每台产品标准工时为 4 小时，变动制造费用标准分配率为 2 元/小时。按上述公式计算：

变动制造费用耗费差异=17 000×（35 700÷17 000-2）=1 700（元）

变动制造费用效率差异=（17 000-4 000×4）×2=2 000（元）

变动制造费用成本差异=实际变动制造费用-标准变动制造费用

=35 700-4 000×4×2=3 700（元）

或 =变动制造费用耗费差异+变动制造费用效率差异

=1 700+2 000=3 700（元）

变动制造费用耗费差异是实际支出与按实际工时和标准分配率计算的预算数之间的差额。耗费差异是部门经理的责任，部门经理有责任将变动费用控制在弹性预算限额之内。变动制造费用效率差异是由于实际工时脱离了标准，多用工时导致的费用增加，因此形成原因与人工效率差异相同。

四、固定制造费用成本差异分析

与变动制造费用不同，固定制造费用成本差异分析方法包括二因素分析法和三因素分析法。

（一）二因素分析法

二因素分析法是将固定制造费用成本差异分为耗费差异和能量差异。其中，固定制造费用耗费差异是指固定制造费用实际金额与预算金额之间的差额。计算公式为：

固定制造费用耗费差异=固定制造费用实际数-固定制造费用预算数

=固定制造费用实际数-固定制造费用标准分配率×生产能量

固定制造费用能量差异是指固定制造费用预算数与标准成本的差额，或实际业务量标准工时与生产能量差额用标准分配率计算的金额，反映实际产量标准工时未能达到生产能量而造成的损失。计算公式为：

固定制造费用能量差异=固定制造费用预算数-固定制造费用标准成本

$$=\text{固定制造费用标准分配率}\times\text{生产能量}-\text{固定制造费用标准分配率}\times\text{实际产量标准工时}$$

=（生产能量-实际产量标准工时）×固定制造费用标准分配率

【例 8-7】某企业本月实际产量为4 000件，发生固定制造费用27 200元，实际工时为17 000小时；生产能量为5 000件，即10 000小时；每件产品固定制造费用标准成本为6元/件，每件产品标准工时为4小时，标准分配率为1.5元/小时。

固定制造费用耗费差异=27 200-10 000×1.5=12 200（元）

固定制造费用能量差异=10 000×1.5-4 000×4×1.5=-9 000（元）

固定制造费用成本差异=实际固定制造费用-标准固定制造费用

=27 200-4 000×4×1.5=3 200（元）

或　=固定制造费用耗费差异+固定制造费用能量差异

=12 200-9 000=3 200（元）

（二）三因素分析法

三因素分析法是将固定制造费用成本差异分为耗费差异、效率差异和闲置能量差异三部分。耗费差异的计算与二因素分析法相同。二因素分析法中的能量差异分解为两部分：一部分是实际工时未达到标准能量而形成的闲置能量差异；另一部分是实际工时脱离标准工时而形成的效率差异。有关计算公式为：

固定制造费用耗费差异=固定制造费用实际数-固定制造费用预算数

=固定制造费用实际数-固定制造费用标准分配率×生产能量

固定制造费用闲置能量差异=固定制造费用预算数-实际工时×固定制造费用标准分配率

=（生产能量-实际工时）×固定制造费用标准分配率

固定制造费用效率差异=（实际工时-实际产量标准工时）×固定制造费用标准分配率

【例 8-8】依据【例 8-7】的资料计算：

固定制造费用闲置能量差异=（10 000-17 000）×1.5=-10 500（元）

固定制造费用效率差异=（17 000-4 000×4）×1.5=1 500（元）

在三因素分析法下，闲置能量差异（-10 500元）与效率差异（1 500元）之和为-9 000元，与二因素分析法中的能量差异数额相同。

思政园地

提高专业素质，合理制定标准成本

制定标准成本是减少企业运行成本和增强企业竞争力的重要手段，能帮助企业达成有关的战略和管理目标。企业应利用调查分析、技术测定等科学方法制定标准成本，创建标准成本管理系统并逐步完善。这对制定标准成本的部门和人员都提出了较高的专业素质要求。

即测即评

第八章单项选择题　　第八章多项选择题　　第八章判断题

业务题

1.某企业生产甲产品，预计本月生产甲产品600件，每件产品需用10小时，制造费用预算为18 000元（其中，变动制造费用预算为12 000元，固定制造费用预算为6 000元）。甲产品的标准成本资料如下：

（1）甲产品直接材料标准用量为100千克/件，标准工时为10小时/件。

（2）本月实际投产甲产品520件，已全部完工入库，无期初、期末在产品。

（3）本月材料标准价格为0.60元/千克，实际价格为0.62元/千克；全月实际领用46 800千克。

（4）本月实际耗用5 200小时，标准工资率为4元/小时，实际工资率为3.80元/小时。

（5）制造费用实际发生额为16 000元（其中，变动制造费用10 920元，固定制造费用5 080元），变动制造费用实际分配率为2.10元/小时。

要求：计算甲产品的成本差异（固定制造费用成本差异用三因素分析法计算）。

2.某企业用标准成本计算产品成本。有关资料如下：

（1）单位产品标准成本：

直接材料标准成本=6千克×1.50元/千克=9元

直接人工标准成本=4小时×4元/小时=16元

变动制造费用标准成本=4小时×3元/小时=12元

固定制造费用标准成本=4小时×2元/小时=8元

单位产品标准成本=9+16+12+8=45（元）

（2）其他情况：

原材料：期初无库存原材料；本期购入3 500千克，售价为1.60元/千克，耗用3 250千克。

在产品：期初在产品存货为40件，原材料在开始生产时一次投入，完工程度为50%；本月投产450件，完工入库430件；期末在产品为60件，原材料在开始生产时一次投入，完工程度为50%。

产成品：期初产成品存货为30件，本期完工入库430件，本期销售440件。

本期耗用直接人工2 100小时，支付工资8 820元；支付变动制造费用6 480元，支付固定制造费用3 900元；生产能量为2 000小时。

要求：计算产品标准成本差异（直接材料价格差异按采购量计算，固定制造费用成本差异用三因素分析法计算)。

第八章业务题参考答案

第九章　产品成本分析

【学习目标与要求】

通过本章学习，理解产品成本报表的概念及不同种类的成本报表编制，初步掌握产品总成本和单位成本分析的具体方法与流程。

【价值塑造目标】

在掌握产品成本核算方法的基础上，通过产品成本分析，培养发现问题和解决问题的能力，提高问题导向意识。

【思政案例】

新技术降低成本，闯出市场“新蓝海”[①]

2022年2月23日上午，一场高规格的技术成果推介现场会在广东韶关召开。会议由广东省科学技术厅、韶关市人民政府主办，广东省发展改革委、工业和信息化厅、生态环境厅等多部门联合举办，而会议的主角就是松山湖材料实验室首席科学家付超研究员领衔的研究团队开发的“多孔介质燃烧及热工装备”技术成果。

多孔介质燃烧被国际燃烧学界称为21世纪最新一代燃烧技术，相比传统火焰燃烧加热更加均匀，节能减排效果明显。目前，该项技术在韶冶应用后每年节气2 000万元、减碳1万吨、减少锌渣成本1 000万元；在东阳光应用后节气达50%；在韶钢开展混合煤气燃烧试验和高温应用攻关，成功应用后可以实现节能15%~30%。

专业分析　成本控制是企业应对内外压力、求得生存的重要保障，是企业发展的基础。相同市场环境中不同企业的竞争，最终要归结为成本的较量。低成本带给企业的不仅是资金的节约、盈利空间的增大，还有更强的抵御市场风险的能力。企业要获得长期效益，必须从战略高度进行成本控制，不断创新生产技术，实现成本降低。

思政分析　随着改革开放的不断深入和中国特色社会主义事业的不断发展，创新成为当代中国的最强音。青年学生肩负着祖国的未来、民族的希望，要始终以敢为人

---

① 卜瑜．节能达30%！韶关首次举办技术成果对接会［EB/OL］．（2022-02-23）［2024-05-13］．https：//news.dayoo.com/gzrbrmt/202202/23/158545_54202699.htm.有改动。

先、开天辟地的创新精神推动社会主义事业不断前进。

第一节　产品成本报表概述

一、产品成本报表的概念

企业会计报表按服务对象可分为对外报表与对内报表。其中，对外报表是指按照会计法规、准则要求格式编制的向外报送的会计报表，如资产负债表、利润表、现金流量表、所有者权益变动表及附注等。对内报表是为满足企业内部管理需要而编制的报表，如产品成本报表等。

产品成本报表是根据日常成本核算资料及其他有关资料定期或不定期编制的，用以反映企业产品成本水平、构成及升降变动情况，考核和分析企业在一定时期内成本计划执行情况及结果的报告文件。正确、及时地编制产品成本报表是企业成本会计工作的一项重要内容。

二、产品成本报表的编制

产品成本报表是反映企业在报告期内生产全部产品总成本的报表。产品成本报表一般分为两种：一种按成本项目反映；另一种按产品种类反映。

（一）按成本项目反映的产品成本报表的编制

按成本项目反映的产品成本报表是按成本项目汇总反映企业在报告期内发生的全部生产成本以及产品生产成本合计额的报表。

在按成本项目反映的产品成本报表中，上年实际数应根据上年12月份本表本年累计实际数填列，本年计划数应根据成本计划有关资料填列，本年累计实际数应根据本月实际数加上上月末本表的本年累计实际数计算填列。

【例9-1】腾飞企业按成本项目编制的产品成本报表见表9-1。

表9-1　　产品成本报表（按成本项目反映）

腾飞企业　　2023年12月　　单位：元

项目	上年实际	本年计划	本月实际	本年累计实际
生产成本：	—	—	—	—
直接材料	211 880	205 655	20 720	210 635
直接人工	161 544	144 035	13 490	147 304
制造费用	87 275	96 920	8 035	91 205
生产成本合计	460 699	446 610	42 245	449 144
加：在产品、自制半成品期初余额	23 180	23 960	2 255	19 249
减：在产品、自制半成品期末余额	19 249	19 930	3 165	25 115
产品生产成本合计	464 630	450 640	41 335	443 278

（二）按产品种类反映的产品成本报表的编制

按产品种类反映的产品成本报表是按产品种类汇总反映企业在报告期内生产的全部产品总成本和单位成本的报表。

【例 9-2】腾飞企业按产品种类编制的产品成本报表见表 9-2。

表 9-2 产品成本报表（按产品种类反映）

腾飞企业 2023 年 12 月 金额单位：元

产品名称	计量单位	实际产量		单位成本				本月总成本			本年累计总成本		
		本月	本年累计	上年实际平均	本年计划	本月实际	本年累计实际平均	按上年实际平均单位成本计算	按本年计划单位成本计算	本月实际	按上年实际平均单位成本计算	按本年计划单位成本计算	本年实际
A	个	50	550	81.55	81.15	80.75	81.25	4 077.50	4 057.50	4 037.50	44 852.50	44 632.5	44 687.50
B	台	100	1 225	67.10	67.50	68.40	67.95	6 710	6 750	6 840	82 197.50	82 687.5	83 238.75
合计	—	—	—	—	—	—	—	10 787.50	10 807.50	10 877.50	127 050	127 320	127 926.25

在按产品种类反映的产品成本报表中，要填列的各项目数据来源分别为：

（1）本月实际产量，应根据相应产品成本明细账填列。

（2）本年累计实际产量，应根据本月实际产量，加上上月末本表本年累计实际产量计算填列。

（3）上年实际平均单位成本，应根据上年度本表所列本年累计实际平均单位成本填列；本年计划单位成本，应根据本年度成本计划填列；本月实际单位成本，应根据表中本月实际总成本除以本月实际产量计算填列。如果在产品成本明细账或产成品成本汇总表中有现成的本月产品实际产量、总成本和单位成本，表中这些项目都可以根据产品成本明细账或产成品成本汇总表填列。

（4）本年累计实际平均单位成本，应根据表中本年累计实际总成本除以本年累计实际产量计算填列。

（5）按上年实际平均单位成本计算的本月总成本和本年累计总成本，应根据本月实际产量和本年累计实际产量，乘以上年实际平均单位成本计算填列。

（6）按本年计划单位成本计算的本月总成本和本年累计总成本，应根据本月实际产量和本年累计实际产量，乘以本年计划单位成本计算填列。

（7）本月实际总成本，应根据产品成本明细账或产成品成本汇总表填列。

（8）本年累计实际总成本，应根据产品成本明细账或产成品成本汇总表本年各月产成品成本计算填列。如果有不合格品，应单列一行，并注明“不合格品”字样，不应与合格产品合并填列。

对于可比产品[①]，如果企业规定了本年成本比上年成本降低额或降低率的计划指标，还应根据产品成本报表资料计算成本实际降低额或降低率，作为该表补充资料填列在表下端。如果本年可比产品成本比上年不是降低，而是升高，上述成本降低额和降低率应用负数填列；如果企业可比产品品种不多，其成本降低额和降低率也可以按产品品种分别计划和计算。

可比产品成本降低额和降低率的计算公式为：

可比产品成本降低额=可比产品按上年实际平均单位成本计算的本年累计总成本-本年累计实际总成本

可比产品成本降低率=可比产品成本降低额÷可比产品按上年实际平均单位成本计算的本年累计总成本×100%

【例 9-3】承【例 9-2】，假定该企业所产 A、B 产品都是主要产品，而且都是可比产品。根据上述计算公式和产品成本报表（见表 9-2）的资料，计算该企业全部可比产品成本降低额和降低率。

可比产品成本降低额=可比产品按上年实际平均单位成本计算的本年累计总成本-本年累计实际总成本

=127 050-127 926.25=-876.25（元）

可比产品成本降低率=可比产品成本降低额÷可比产品按上年实际平均单位成本计算的本年累计总成本×100%

=-876.25÷127 050×100%=-0.69%

第二节　成本分析

一、产品总成本分析

（一）按成本项目反映的产品成本报表分析

按成本项目反映的产品成本报表一般可以采用对比分析法、构成比率分析法和相关指标比率分析法进行分析。

1.对比分析法

对比分析法也称比较分析法，是通过实际数与基数对比揭示两者之间的差异，并反映企业经济活动具体状况的一种分析方法。

对比分析法涉及的基数由于分析目的不同而有所差异，一般有计划数、定额数、前期实际数、以往年度同期实际数以及本企业历史和国内外同行业先进水平等。

对比分析法只适用于同质指标数量对比。在采用对比分析法时，企业应当注意相比指标的可比性，同时，对比分析法进行对比的各项指标在经济内容、计算方法、计算期和影响指标形成的客观条件等方面应有可比的共同基础。如果相比的指标之间具

① 可比产品是指上一年度或者以前年度正式生产过，具有较完备成本资料的产品；不可比产品是指上一年度或以前年度未正式生产过的产品，没有成本资料。对于上一年度试制成功、本年正式投产的产品，也应作为不可比产品处理。

有不可比因素，应先按可比口径进行调整，然后再进行对比。

2. 构成比率分析法

构成比率分析法也称比重分析法，是通过计算某项指标各个组成部分占总体的比重，即部分与全部的比率，进行数量分析的方法。运用构成比率分析法，可以反映企业的产品成本构成是否合理。

产品成本构成比率的计算公式为：

直接材料成本比率=直接材料成本÷产品成本×100%

直接人工成本比率=直接人工成本÷产品成本×100%

制造费用比率=制造费用÷产品成本×100%

3. 相关指标比率分析法

相关指标比率分析法是通过计算两个性质不同而又相关的指标比率进行数量分析的方法。在实务中，由于企业规模不同等原因，单纯地对比产值、销售收入或利润等绝对数指标不能说明各企业经济效益的好坏，如果计算成本与产值、销售收入或利润相比的相对数，即产值成本率、销售收入成本率或成本利润率，就可以从相对值上反映各企业经济效益的好坏。

产值成本率、销售收入成本率和成本利润率的计算公式为：

产值成本率=成本÷产值×100%

销售收入成本率=成本÷销售收入×100%

成本利润率=利润÷成本×100%

从上述计算公式可知，产值成本率和销售收入成本率越高，企业的经济效益越差；反之，这两个比率越低，企业的经济效益越好。成本利润率则与之相反，成本利润率越高，企业的经济效益越好；成本利润率越低，企业的经济效益越差。

前述产品成本报表（见表9-1）是12月份编制的，因而其本年累计实际数、本年计划数和上年实际数都是整个年度的生产成本和产品成本，可以就生产成本合计数、产品生产成本合计数及其各项生产成本进行对比，揭示差异，以便进一步分析、查明发生差异的原因。

【例9-4】承【例9-1】，在表9-1的“产品生产成本合计”中，本年累计实际数不仅低于上年实际数，而且低于本年计划数。可见，该企业2023年产品生产总成本是降低的，原因是多方面的，可能是节约了生产耗费、降低了产品单位成本，也可能是由产品产量和各种产品品种比重变动（各种产品单位成本升降程度不同）引起的。腾飞企业应当进一步分析具体原因，对产品生产总成本降低是否合理、有利做出评价。

就表9-1的“生产成本合计”来看，“本年累计实际”（449 144元）虽然低于“上年实际”（460 699元），但高于“本年计划”（446 610元）。这说明表9-1中产品生产成本本年累计实际数低于本年计划数，还有期初、期末在产品和自制半成品余额变动的因素：计划的期初、期末在产品，自制半成品余额的差额（23 960−19 930=4 030（元），正数）大于实际的期初、期末在产品，自制半成品余额的差额（23 180−19 249=

3 931（元），正数）。

就表9-1的各项生产成本来看，直接材料成本、直接人工成本和制造费用的本年累计实际数与上年实际数和本年计划数相比，升降的情况和程度各不相同，也应进一步查明原因。

对于各种生产成本，还可计算构成比率，并在本年累计实际、本月实际、本年计划和上年实际之间进行对比。

本年累计实际构成比率计算如下：

直接材料成本比率=210 635÷449 144×100%=46.90%

直接人工成本比率=147 304÷449 144×100%=32.80%

制造费用比率=91 205÷449 144×100%=20.31%

本月实际构成比率计算如下：

直接材料成本比率=20 720÷42 245×100%=49.05%

直接人工成本比率=13 490÷42 245×100%=31.93%

制造费用比率=8 035÷42 245×100%=19.02%

本年计划构成比率计算如下：

直接材料成本比率=205 655÷446 610×100%=46.05%

直接人工成本比率=144 035÷446 610×100%=32.25%

制造费用比率=96 920÷446 610×100%=21.70%

上年实际构成比率计算如下：

直接材料成本比率=211 880÷460 699×100%=45.99%

直接人工成本比率=161 544÷460 699×100%=35.06%

制造费用比率=87 275÷460 699×100%=18.94%

从上述各项构成比率中可以看出，本年累计实际构成与本年计划构成相比，本年直接材料成本和直接人工成本比重有所提高，而制造费用比重有所降低；与上年实际构成相比，本年直接材料成本和制造费用比重有所提高，而直接人工成本比重则有所降低。本月实际构成也有较大变动，应当进一步查明这些变动的原因以及变动是否合理。

（二）按产品种类反映的产品成本报表分析

按产品种类反映的产品成本报表分析一般可以从两个方面进行：一是本期实际成本与计划成本的对比分析；二是本期实际成本与上期实际成本的对比分析。

1.本期实际成本与计划成本的对比分析

根据表9-2所列全部产品和各种主要产品本月实际总成本及本年累计实际总成本，分别与其本月计划总成本和本年累计计划总成本进行比较，确定全部产品和各种主要产品实际成本与计划成本的差异，了解成本计划的执行结果。

【例9-5】承【例9-2】，表9-2是腾飞企业2023年12月按产品种类反映的产品成本报表，全部产品本年累计实际总成本为127 926.25元，高于计划成本127 320元。总体来看，该企业产品成本计划的执行结果较差。从产品品种来看，各种产品成本计划执行结果并不相同。A产品本月实际总成本（4 037.50元）低于本月计划总成本

(4 057.50元)；A产品本年累计实际总成本、B产品本月实际总成本和本年累计实际总成本均高于计划。由此可见，B产品成本计划完成较差，A产品成本计划从全年来看完成得也不好。该企业应当进一步分析B产品成本计划完成得较差和A产品成本计划完成得不好的原因，以便提高业绩，克服缺点，更好地完成成本计划。

2.本期实际成本与上期实际成本的对比分析

对于可比产品，企业可以进行本期实际成本与上期实际成本的对比，分析可比产品成本本期对比上期的升降情况。如果企业规定了可比产品成本降低计划，即成本计划降低率或降低额，还应进行可比产品成本降低计划的执行结果分析。进行分析时，企业应注意可比产品与不可比产品的划分是否正确。

(1) 可比产品成本升降情况分析。可比产品成本升降情况分析可以按产品品种进行，也可以按全部可比产品进行。可比产品成本降低计划一般按全部可比产品综合制订，因而可比产品成本降低计划执行结果分析一般按全部可比产品综合进行。企业进行这种分析时，应当根据产品成本报表中所列全部可比产品和各种可比产品的本月实际总成本及本年累计实际总成本，分别与其本月按上期实际平均单位成本计算的总成本和本期按上期实际平均单位成本计算的累计总成本进行比较，确定全部可比产品和各种可比产品的本期实际成本与上期实际成本的差异，从而反映成本升降情况。

【例9-6】承【例9-2】，假定腾飞企业所产A、B产品均为可比产品。在该企业2023年12月按产品种类反映的产品成本报表（见表9-2）中，从产品品种来看，A产品本年累计实际总成本为44 687.50元，低于上年的44 852.50元。但是，全部可比产品本月实际总成本为10 877.50元、本年累计实际总成本为127 926.25元，分别高于上年的10 787.50元和127 050元。可见，可比产品成本总体是上升的。腾飞企业应当进一步分析产品本年成本高于上年成本的原因，尤其是B产品，以便克服缺点，降低可比产品成本。

(2) 可比产品成本降低计划执行结果分析。可比产品成本计划降低额是根据各种产品计划产量确定的，实际降低额是根据实际产量计算的。在产品品种比重和单位成本不变的情况下，产量增减会使成本降低额发生同比例增减，但由于按上年实际平均单位成本计算本年累计总成本也发生了同比例增减，因而不会使成本降低率发生变动（成本降低率计算公式的分子和分母发生同比例变动，其结果不变）。产品单位成本的变动会使成本降低额和降低率同时发生变动。产品单位成本降低，成本降低额和降低率增加；反之，则会减少。此外，由于各种产品成本降低程度不同，因而产品品种比重发生变动，也会使成本降低额和降低率同时发生变动。成本降低程度大的产品比重增加，会使成本降低额和降低率增加；反之，则会减少。因此，影响可比产品成本降低率变动的因素有两个：一是产品品种比重变动；二是产品单位成本变动。影响可比产品成本降低额变动的因素有三个：一是产品产量变动；二是产品品种比重变动；三是产品单位成本变动。

二、产品单位成本分析

要对产品单位成本进行分析，必须先编制主要产品单位成本表。主要产品单位成本表是反映企业在报告期内生产的各种主要产品单位成本构成情况的报表。该表应当按照主要产品分别编制，是对按产品种类反映的产品成本报表中某些主要产品成本的进一步反映。

主要产品单位成本分析应当选择成本超支或节约较多的产品重点进行，以便有效地降低产品的单位成本。企业进行分析时，可以将表中本期实际生产成本（即本期实际单位成本合计数）与其他各种生产成本进行对比，对产品单位成本进行一般分析，然后按其成本项目（包括直接材料成本、直接人工成本、制造费用等）进行具体分析，主要采用对比分析法和趋势分析法。

（一）一般分析

【例 9-7】我们以表 9-3 中所列甲产品的单位成本为例，说明一般分析的方法。该产品本年累计实际平均成本和本月实际成本不仅均高于本年计划成本，而且高于上年实际平均成本和历史先进水平，成本超支情况是比较严重的。

表 9-3　　主要产品单位成本表

2023 年 12 月　　产品名称：甲

腾飞企业　　计量单位：个

产品规格：××　　计量规格：××　　本年累计实际产量：50

产品销售单价（元/个）：8 400　　本月实际产量：4　　金额单位：元

成本项目	历史先进水平	上年实际平均	本年计划	本月实际	本年累计实际平均
直接材料	3 355	3 365	3 350	3 400	3 350
直接人工	1 450	1 450	1 500	1 480	1 505
制造费用	1 895	1 895	1 900	1 960	1 940
生产成本合计	6 700	6 710	6 750	6 840	6 795
主要技术经济指标	用量	用量	用量	用量	用量
1. 主要材料（千克）	210	205	200	170	175
⋮	—	—	—	—	—

从上年实际平均成本高于历史先进水平可以看出，该产品实际成本不是逐年降低，可能是逐年上升的。从本年计划成本高于上年实际平均成本可以看出，在制订本年度成本计划时就已预见到成本不断上升的趋势。此外，从本月（12 月）

实际成本高于本年累计实际平均成本还可以看出，即使在本年度内，甲产品的成本也可能是逐月上升的。因此，确定该产品作为重点对象进行单位成本分析是正确的。

【例9-8】承【例9-7】，我们通过最近5年的单位成本资料，对甲产品的成本进行趋势分析。最近5年的实际平均单位成本分别为：2019年（假定为历史先进年）为6 700元，2020年为6 730元，2021年为6 760元，2022年为6 710元，2023年（即本年）为6 795元。现以2019年为基期，以6 700元为基数（规定为100%），计算其他各年与之相比的比率。

2020年：6 730÷6 700×100%=100.45%

2021年：6 760÷6 700×100%=100.90%

2022年：6 710÷6 700×100%=100.15%

2023年：6 795÷6 700×100%=101.42%

再以上年为基数，计算各年环比比率。

2020年比2019年：6 730÷6 700×100%=100.45%

2021年比2020年：6 760÷6 730×100%=100.45%

2022年比2021年：6 710÷6 760×100%=99.26%

2023年比2022年：6 795÷6 710×100%=101.27%

可以看出，甲产品单位成本如果以2019年为基期，以后4年均高于2019年，只是提高的程度各不相同，2023年提高得最多，2022年提高得最少。如果以上一年为基期逐年进行环比，2023年比2022年提高得最多，而2022年比2021年是降低的。由此可见，这种产品成本变动趋势不是逐年递增，而是在总体提高的情况下，存在一个“马鞍形”的变化。该企业应当进一步查明变动的具体原因，看看是由于物价上涨而引起材料成本增加等客观原因，还是由于成本管理工作弱化或强化等主观原因。为了查明单位成本变动的具体原因，该企业还应当按照成本项目进行成本分析。

（二）各主要项目分析

1.直接材料成本分析

直接材料实际成本与计划成本的差额构成直接材料成本差异。一般来说，能够形成直接材料成本差异的原因包括用量偏离标准和价格偏离标准。前者按计划价格计算，称为数量差异；后者按实际用量计算，称为价格差异。有关计算公式为：

材料消耗数量变动的影响=（实际数量-计划数量）×计划价格

材料价格变动的影响=实际数量×（实际价格-计划价格）

从表9-3中甲产品的各项成本来看，直接材料成本占产品单位成本的一半左右，比重较大，本月实际材料成本不仅超过本年计划、上年实际平均、历史先进水平，还超过了本年累计实际平均，应当作为重点成本项目进行分析。

【例9-9】承【例9-7】，假定该企业甲产品2023年12月直接材料计划与实际发生材料消耗数量和材料单价见表9–4。

表9–4 直接材料计划与实际成本对比表

2023年12月

项目	材料消耗数量（千克）	材料单价（元/千克）	直接材料成本（元）
本年计划	200	16.75	3 350
本月实际	170	20	3 400
直接材料成本差异	—	—	+50

从前述甲产品单位成本表（见表9–3）和直接材料计划与实际成本对比表（见表9–4）可以看出，在该产品成本中，直接材料成本本月实际比本年计划超支50元。单位产品材料成本是材料消耗数量与材料价格的乘积，其影响因素主要有材料消耗数量差异（量差）和材料价格差异（价差）两个方面。现用差额计算分析法计算这两方面因素变动对直接材料成本超支的影响。

材料消耗数量变动的影响=（170–200）×16.75=–502.5（元）

材料价格变动的影响=170×（20–16.75）=+552.5（元）

两因素影响程度合计=–502.5+552.5=+50（元）

通过以上计算可以看出，甲产品直接材料成本虽然只超支50元，差异不大，但分析结果表明，由于材料消耗数量节约（由200千克降为170千克），材料成本降低了502.5元；由于材料价格提高（由16.75元/千克升为20元/千克），材料成本超支了552.5元。两者相抵，净超支50元。可见，甲产品材料消耗数量的节约掩盖了绝大部分材料价格提高所引起的材料成本超支。材料消耗数量节约只要不是偷工减料的结果，一般是生产车间改进生产工艺、加强成本管理的结果。材料价格提高要看是由于市场价格上涨等客观原因引起的，还是由于材料采购人员的问题致使材料买价偏高或材料运杂费增加等引起的。

与此相联系，甲产品本年累计实际平均材料成本与本年计划成本持平（均为3 350元），低于本月实际成本、上年实际平均成本和历史先进水平，也不一定是成本管理工作的成绩，应比照上述方法进行量差和价差分析。

2.直接人工成本分析

直接人工实际成本与计划成本之间的差额构成直接人工成本差异。一般来说，形成直接人工成本差异的主要原因包括：

（1）量差，指实际工时偏离计划工时，其差额按计划每小时工资成本计算确定的金额，称为单位产品所耗工时变动的影响。

（2）价差，指实际每小时工资成本偏离计划每小时工资成本，其差额按实际工时计算确定的金额，称为每小时工资成本变动的影响。

相关计算公式为：

单位产品所耗工时变动的影响=（实际工时–计划工时）×计划每小时工资成本

每小时工资成本变动的影响=实际工时×（实际每小时工资成本-计划每小时工资成本）

在【例9-7】中，甲产品的直接人工成本中，本年累计实际平均数高于本年计划数，但本月实际数不仅低于本年累计实际平均数，而且低于本年计划数（虽然仍高于上年实际平均数和历史先进水平），说明情况已明显好转。该企业如果实行计件工资制度，那么这种变动主要是由于计件单价变动引起的，应该查明甲产品计件单价变动的原因。该企业如果实行计时工资制度，单位成本中直接人工成本根据单位产品所耗工时数和每小时工资成本分配计入，就可以比照直接材料成本，采用差额计算分析法进行分析（单位产品所耗工时数相当于单位产品材料消耗数量，每小时工资成本相当于材料单价），计算产品所耗工时数变动（量差）和每小时工资成本变动（价差）对直接人工成本变动的影响。

【例9-10】承【例9-7】，假定该企业实行计时工资制度，甲产品单位产品所耗工时与每小时工资成本计划和实际数见表9-5。

表9-5　**直接人工成本计划与实际对比表**　金额单位：元

项目	单位产品所耗工时（小时）	每小时工资成本	直接人工成本
本年计划平均	15	100	1 500
本月实际	11.84	125	1 480
直接人工成本差异	−3.16	+25	−20

从甲产品单位成本表（见表9-3）和直接人工成本计划与实际对比表（见表9-5）可以看出，甲产品单位成本中，直接人工成本本月实际数比本年计划平均数降低20元。采用差额计算分析法计算各因素的影响程度。

单位产品所耗工时变动的影响=（11.84-15）×100=-316（元）

每小时工资成本变动的影响=11.84×（125-100）=296（元）

两因素影响程度合计=-316+296=-20（元）

从以上计算结果可知，甲产品直接人工成本节约20元，完全是工时消耗大幅度节约的结果；而每小时工资成本是超支的，它抵消了绝大部分由于工时消耗节约所产生的直接人工成本降低额。该企业应当进一步查明单位产品工时消耗节约和每小时工资成本超支的原因。

单位产品所耗工时节约，一般是生产工人提高了劳动熟练程度，从而提高了劳动生产率的结果，但也不排除是由于偷工减料造成的。企业应查明节约工时以后是否影响了产品质量，通过降低产品质量来节约工时是不允许的。

每小时工资成本是以生产工人工资总额除以生产工时总额得出的。工资总额控制得好，生产工人工资总额减少，会使每小时工资成本节约；否则，会使每小时工资成本超支。对生产工人工资总额变动进行分析，可以与前述按成本项目反映的产品成本报表（见表9-1）中直接人工成本的分析结合起来进行。

在工时总额固定的情况下，非生产工时控制得好，减少非生产工时，增加生产工时总额，会使每小时工资成本节约；否则，会使每小时工资成本超支。因此，企业要查明每小时工资成本变动的具体原因，还应对生产工时利用情况进行调查研究。

3.制造费用分析

制造费用属于间接生产成本，产品成本中的制造费用一般是根据生产工时等分配计入的。产品单位成本中的制造费用分析通常与计时工资制度下直接人工成本分析相类似，要先分析单位产品所耗工时变动和每小时制造费用变动两因素对制造费用变动的影响，然后查明单位产品所耗工时变动和生产工时利用好坏的具体原因。只要联系前述按成本项目反映的产品成本报表（见表9-1）中制造费用总额变动的分析，并结合制造费用明细表（见表9-6）中各成本项目具体变动的分析，就可以了解产品单位成本中制造费用变动的原因。

表9-6 **制造费用明细表**

腾飞企业 2023年12月 单位：元

成本项目	本年计划	上年同期实际	本月实际	本年累计实际
机物料消耗				
职工薪酬				
折旧费				
办公费				
水电费				
停工损失				
其他				
合计				

该表本年计划数应根据本年制造费用计划数填列，上年同期实际数应根据上年同期本表的本月实际数填列，本月实际数应根据“制造费用”总账科目所属各基本生产车间制造费用明细账的本月合计数汇总计算填列，本年累计实际数应根据这些制造费用明细账本月末累计数汇总计算填列。如果需要，也可以根据制造费用分月计划，在表中加列本月计划数。

对制造费用的分析可以采用对比分析法和构成比率分析法等。

在采用对比分析法进行分析时，通常先将本月实际数与上年同期实际数进行对比，揭示本月实际数与上年同期实际数的增减变化。在表中列有本月计划数的情况下，先应进行这两者的对比，以便分析和考核制造费用月份计划的执行情况。在将本年累计实际数与本年计划数进行对比时，如果该表不是12月的报表，这两者的差异只是反映年度内计划执行情况，可以据此发出信号，提醒企业应该注意的问题。例如，如果该表是9月的报表，而本年累计实际数已经接近、达到甚至超过本年计划的半数，就应注意节约以后各月的成本，以免全年的实际数超过计划数。如果该表是12月的报表，则本年累计实际数与本年计划数的差异就是全年制造费用计划执行情况。为了具体分析制造费用增减变动和计划执行好坏的原因，上述对比分析应该按照成本项目进行。由于制造费用的项目很多，分析时应选择超支或节约数额较大或者成本比重较大的项目有重点地进行。

需要说明的是，各项制造费用的性质和用途是不同的，在评价各项目成本超支或节约时，应联系成本的性质和用途进行具体分析，不能简单地将一切超支都看成不合理的、不利的，也不能简单地将一切节约都看成合理的、有利的。例如，职工薪酬的节约可能是缺少必要的劳动保护措施，而这会影响安全生产。又如，机物料消耗的超支可能是由于追加了生产计划，增加了开工班次，相应地增加了机物料的消耗。这样的超支是合理的，而不是产生了成本管理问题。此外，在分项目进行制造费用分析时，还应特别注意“停工损失”项目的分析，其发生额是生产管理不良的结果。

微课9-1

成本报表的分析（上）

在采用构成比率分析法进行制造费用分析时，可以计算某项成本占制造费用合计数的构成比率，也可将制造费用分为与机器设备使用有关的成本（如机器设备的折旧费、机物料消耗等，如果动力成本不专设成本项目，还应包括动力成本）、与机器设备使用无关的成本（如车间管理人员的职工薪酬、办公费等），以及非生产性损失等几类，分别计算其占制造费用合计数的构成比率。企业还可以将这些构成比率与生产、技术的特点联系起来，分析其构成是否合理；也可以将本月实际和本年累计实际的构成比率与本年计划的构成比率和上年同期实际的构成比率进行对比，揭示其差异和与上年同期相比的增减变化，分析其差异和增减变化是否合理。

微课9-2

成本报表的分析（下）

思政园地

客观分析成本信息，提高资源利用效率

企业进行成本分析的目的是挖掘降低成本的潜力，使企业以较少的劳动消耗生产出更多、更好的使用价值，实现价值增值。财务人员要在及时、准确地提供成本信息的同时，对产品成本的升降进行客观分析并查找原因，促进企业整体经济效益不断提高。

即测即评

第九章单项选择题

第九章多项选择题

第九章判断题

业务题

1. 2023年某企业生产乙产品的计划成本和12月份实际发生的材料消耗数量及材料价格见表9-7。

表9-7　　乙产品消耗材料成本项目资料

项目	材料消耗数量（千克）	材料价格（元/千克）
本年计划	100	15
本月实际	105	14

要求：计算直接材料成本差异，并分别计算材料消耗数量变动和材料价格变动对成本的影响。

2. 某企业产品单位成本直接人工费用项目本年计划和本月实际的有关资料见表9-8。

表9-8　　产品单位成本直接人工费用项目资料

项目	单位产品所耗工时（小时）	每小时工资费用（元）
本年计划	20	3
本月实际	16.5	3.4

要求：采用差额计算分析法计算单位产品所耗工时和每小时工资费用两因素变动对直接人工费用差异的影响。

3. 某企业2023年可比产品成本报表（按产品种类反映）见表9-9。

表9-9　　可比产品成本报表（按产品种类反映）　　金额单位：元

产品名称	计量单位	实际产量	单位成本			总成本		
			上年实际平均	本年计划	本年实际	按上年实际单位平均成本计算	按本年计划单位成本计算	本年实际
A产品	台	100	3 000	2 950	2 925			
B产品	台	200	4 000	3 900	3 850			
可比产品成本合计	—	—	—	—	—			

要求：（1）根据资料计算填列产品成本报表中的总成本。

（2）计算该企业2023年可比产品成本的降低额和降低率。

第九章业务题参考答案

主要参考文献

[1] 财政部会计资格评价中心．初级会计实务［M］．北京：经济科学出版社，2023.

[2] 鲁亮升．成本会计［M］．8版．大连：东北财经大学出版社，2022.

[3] 鲁亮升．成本会计习题与实训［M］．8版．大连：东北财经大学出版社，2022.

[4] 万寿义，任月君．成本会计［M］．6版．大连：东北财经大学出版社，2022.

[5] 张敏，黎来芳，于富生．成本会计学［M］．9版．北京：中国人民大学出版社，2021.

[6] 亨格瑞，达塔尔，拉詹．成本与管理会计［M］．王立彦，刘应文，译．16版．北京：中国人民大学出版社，2022.

[7] 周云凌，王雪岩．成本会计：原理、实务、案例、实训——学生手册［M］．5版．大连：东北财经大学出版社，2022.

[8] 中国注册会计师协会．财务成本管理［M］．北京：中国财政经济出版社，2024.

[9] 江希和，向有才．成本会计案例与实训［M］．7版．北京：高等教育出版社，2022.

[10] 徐哲．成本会计实训教程［M］．3版．大连：东北财经大学出版社，2019.

[11] 罗荷英，李薇．成本会计实务［M］．3版．北京：北京理工大学出版社，2021.

[12] 企业会计准则编审委员会．企业会计准则及应用指南实务详解［M］．北京：人民邮电出版社，2019.

[13]《企业产品成本核算》编写组．企业产品成本核算：新制度与案例［M］．北

京：中国财政经济出版社，2014.

[14] 王艳茹，孙茂竹，李朝晖.成本管理会计 [M]. 4版. 大连：东北财经大学出版社，2021.

[15] 刘敏坤，郑怀颖.成本会计实验教程 [M]. 4版.大连：东北财经大学出版社，2023.